オーガニック素材で編む
一年中着られる赤ちゃんニット
michiyo
● 0〜24ヵ月 ●

CONTENTS

1. シンプルなセレモニードレスのセット…2
2. かぎ針編みのセレモニードレスセット…3

思いを込めて編んだウエア、一度きりじゃなくてもっと楽しみたい…4

3. チルデンニット風の胴着…6
4. 5. かぎ針編みのおしゃれスタイ…7
6. ナチュラルストライプのおくるみ…8
7. ケーブル模様のスリーパー…9
8. ケーブル模様のおくるみコート…10
9. かのこ編みのロング胴着…12
10. 11. 12. かぎ針編みのブーティーとバレエシューズ…13
13. アラン模様のスクエアポンチョ…14
14. ストライプのフードつきポンチョ…15
15. 16. セーラーカラーのロンパース…16
17. 18. おしゃれエプロンとロンパース…18
19. 20. シンプルなハーフパンツ…20
21. 22. ケーブル模様＆チェック柄のレッグウォーマー…21
23. レーシーなおしゃれケープ…22
24. 25. 26. シンプルなキャップとキャスケット2種…23
27. 28. ポケットつきシンプルベスト…24
29. 30. ダブルボタンのチュニック風ベスト…26
31. 32. ドットレース模様のカーディガン…28
33. 34. ダブルボタンのニットジャケット…30

この本で使用した糸の一覧…32・33

●素材協力会社（50音順）
ダイヤ毛糸株式会社
内藤商事株式会社
ハマナカ株式会社
横田株式会社

＊参考サイズ　編むときの一応の目安として、参考にしてください。

呼び方	0ヵ月	3ヵ月	6ヵ月	12ヵ月	18ヵ月	24ヵ月
身長	50cm	60cm	70cm	75cm	80cm	90cm
体重	3kg	6kg	9kg	10kg	11kg	13kg

この本に関する質問は、お電話またはwebで
書名●一年中着られる赤ちゃんニット
本のコード●NV70073
担当●エヌ・ヴィ企画　村上
Tel／03-5228-5462（平日13:00〜17:00受付）
Webサイト「日本ヴォーグ社の本」http://book.nihonvogue.co.jp
※Webでのお問い合わせはパソコン専用となります。

★本書に掲載の作品を、複製して販売（店頭、ネットオクション等）することは禁止されています。
手づくりを楽しむためにのみご利用ください。

● 0〜6ヵ月 ●

1.

シンプルなセレモニードレスのセット

ナチュラルホワイトに、
「生まれてきてくれてありがとう」の思いを込めて。
ママの"私らしさ"をカタチにしたら、
ベビーにやさしい着心地の
セレモニーウエアが編み上がりました。

糸：ダイヤモンド毛糸 ダイヤタスマニアンベビー
編み方：36ページ

● 0〜6ヵ月 ●

2.

かぎ針編みのセレモニードレスセット

クラシカルな雰囲気のドレスに
清楚な白いレースの衿をあしらって。
ベビーのお祝いの日にぴったりの愛らしいドレスセットは、
ロマンティック派のママに。

糸：ハマナカ ポーム《色綿》　ポーム《無垢綿》ベビー
編み方：43ページ

● 成長したら… ●

思いを込めて編んだウエア、
一度きりじゃなくてもっと楽しみたい…

ベビーのお祝い着に編んだドレスは、
しっかり歩けるようになった2〜3歳頃にロングコートとして再び着せてあげられます。
アシンメトリーな打ち合わせに並んだ小さなボタンが可愛いですね。

1のベビードレス

1.

2.

かぎ針編みドレスの衿元を飾ったレースは、
プチマフラーとして楽しめます。
可愛らしいレースは女の子ならみんな大好きなアイテムです。

2のつけ衿

● 3〜12ヵ月 ●

3.

チルデンニット風の胴着

ねんねの頃からなにかと重宝する定番胴着の衿元を、
チルデンセーター風にデザインしてみました。
ちょっぴり大人びた雰囲気が新鮮です。

糸：ハマナカ ポームコットンリネン　フラックスK
編み方：48ページ

● 3〜12ヵ月 ●

4.

5.

ひつじラトル／After the rain

かぎ針編みのおしゃれスタイ

ちょっとしたお出かけに、
かぎ針編みで編んだお洒落でレーシーなスタイはいかが？
お顔周りに触れるアイテムだけど、
やさしい自然素材だから安心です。

糸：ダイヤモンド毛糸 ダイヤマフィン
編み方：50ページ

● 3ヵ月～ ●

6.

くまぬいぐるみ／After the rain

ナチュラルストライプのおくるみ

ベビーを優しく包むおくるみだから、素材にもこだわりました。
周囲はレースの縁編みで可愛らしく。
ベビーカーでのお出かけやお昼寝のおともに、
長いお付き合いになりそうです。

糸：ハマナカ オーガニックウール フィールド
編み方：52ページ

● 6～12ヵ月 ●

7.

ケーブル模様のスリーパー

寝返りができるようになったベビーは寝ている間も元気。
油断してお布団もかけずに寝ていたなんてことになっても
スリーパーを着ていれば安心です。
寝付いてから着せてあげられるようサイドはひもになってます。

糸：ダルマ ひだまりオーガニック
編み方：53ページ

● 6〜12ヵ月 ●

8.

くまラトル／After the rain

ケーブル模様のおくるみコート

裾にフットマフがついたおくるみコート。
ベビーカーでのお散歩中に膝掛けが落ちてしまうこともなく、
ベビーもママも快適です。歩けるようになったらマフの部分を取り外し、
ケーブル模様のお洒落コートとしてもう一度楽しめます。

糸：内藤商事 コットンビオ
編み方：54ページ

● 成長したら… ●

● 6〜18ヵ月 ●

9.

かのこ編みのロング胴着

ちょっと寒いかな？と思う時にはなにかと便利な胴着だから、
いろんなコーディネイトが楽しめるシンプルなデザインがいいですね。
丈を長めに編んであるので1歳過ぎでもベストとして着られます。

糸：ダルマ カフェベビーオーガニック
編み方：58ページ

● 6・12ヵ月 ●

11. 12ヵ月

10. 6・12ヵ月

12. 12ヵ月

かぎ針編みのブーティーとバレエシューズ

ニットの柔らかいシューズは、あんよがまだのベビーにピッタリのアイテム。
歩けるようになったときに抵抗なく靴を履く練習にもなります。
何よりちっちゃな足に履かせるベビーシューズの可愛いこと！
いつまでも飾って置きたいくらいです。

糸：10＝ハマナカ ポームクロッシェ《草木染め》　ポーム《草木染め》
11＝ハマナカ ポームベビーカラー　ポーム《色綿》
12＝内藤商事 コットンビオ
編み方：10＝60ページ　11＝61ページ　12＝61ページ

● 6〜12ヵ月 ●

13.

アラン模様のスクエアポンチョ

手を通さずにストンとかぶるだけのポンチョは、
お座りやよちよち歩きの頃などにとても便利。
前と後ろをまっすぐに編むだけのシンプルな型にアラン模様が印象的です。

糸：内藤商事 コットンビオ
編み方：62ページ

● 6〜18ヵ月 ●

14.

ストライプのフードつきポンチョ

ストライプの配色が大人っぽいお洒落なポンチョ。
元気に走り回るベビーのために、
裾の内側に付けたスナップをとめて袖のように
スッキリ着られるのがポイントです。

糸：ハマナカ フラックスK
編み方：64ページ

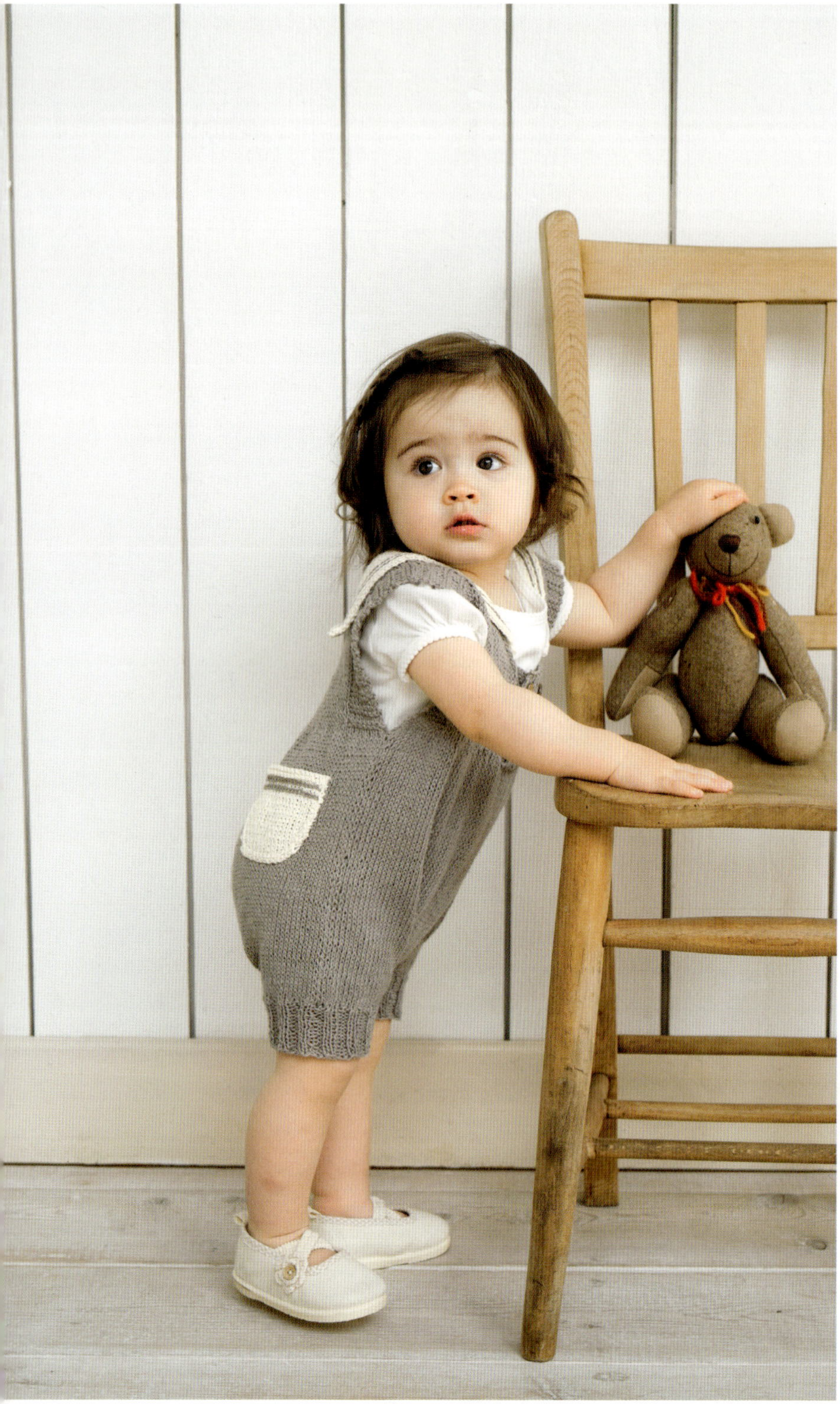
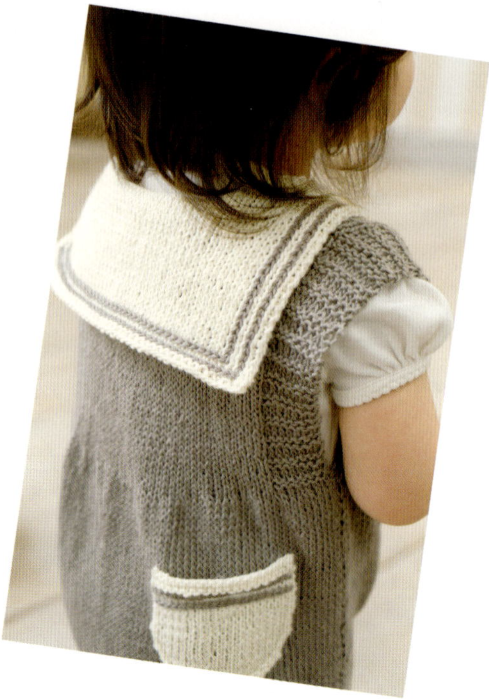
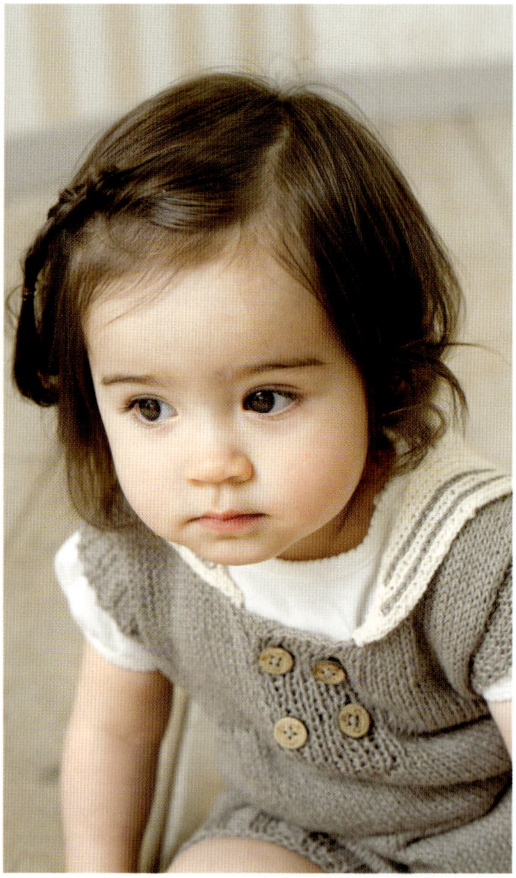

● 6ヵ月・18ヵ月 ●

16. 18ヵ月

15. 6ヵ月

セーラーカラーのロンパース

お腹もおしりもすっぽり包んでくれるハーフパンツのロンパース。
キュートなセーラーカラーに注目が集まりそう。
動きやすくて可愛らしくて、ママもベビーも大満足です。

糸：ハマナカ フラックスK
編み方：66ページ

● 6ヵ月 ●

17.

おしゃれエプロンとロンパース

さわやかな肌ざわりの綿糸で編んだロンパースは、
インナーに合わせるものしだいでオールシーズン大活躍。
ストライプのエプロンを重ね着して、
おませなレイヤードスタイルの完成です。

糸：ハマナカ ポーム《無垢綿》スーピマ　ポーム《彩土染め》　フラックスC
編み方：70ページ

● 18ヵ月 ●

18.

Tシャツ、ロングスパッツ／
SENSE OF WONDER（オーガニックコットン）

● 18ヵ月・6ヵ月 ●

19. 18ヵ月

20. 6ヵ月

シンプルなハーフパンツ

動きやすくて履き心地満点。
何枚か色違いであると便利なニットパンツは、
いろんなトップスに合わせやすく、お洒落度をグッとアップしてくれます。
おしりのガーター編みと裾のリブがアクセントになって、後姿も可愛いね。

糸：内藤商事 コットンビオ
編み方：74ページ

● 18～24ヵ月 ●

ワンピース／
SENSE OF WONDER（オーガニックコットン）

21.

22.

ケーブル模様＆チェック柄のレッグウォーマー

すっかり定番になったベビーのレッグウォーマー。
手軽に編めるから、ママのお手製で目立っちゃおう。
オムツ替えがしやすくて便利なねんねの頃から、
ハイハイ時のひざの保護、もちろん寒さ対策にも大活躍です。

糸：ダルマ ひだまりオーガニック
編み方：76ページ

Tシャツ／Love&Peace&Money

● 12〜24ヵ月 ●

23.

レーシーなおしゃれケープ

ふんわりシルエットと華麗なレース模様。
かわいいピンクのケープは、女の子ならみんなうっとりしてしまう可愛さです。
おめかしする特別な日に、
お姫様気分をプレゼントしてあげてはいかが？

糸：ダルマ ひだまりオーガニック
編み方：78ページ

● 12ヵ月・24ヵ月の2サイズ表示

24.

25.

26.

ひつじぬいぐるみ／After the rain

シンプルなキャップとキャスケット2種

日よけに防寒に、怪我防止に…。毎日のお出かけに帽子は欠かせないアイテム。
かぶりなれないと嫌がるベビーもいるけれど、可愛いね、
似合うねって言ってあげて帽子大好きっ子にしてしまいましょう。
ママのお手製ならきっと大丈夫。

糸：24＝ハマナカ ポームコットンリネン
25＝ダルマ カフェベビーオーガニック
26＝ダイヤモンド毛糸 ダイヤタスマニアンベビー
編み方：24＝79ページ　25＝80ページ　26＝82ページ

● 24ヵ月・12ヵ月 ●

28. 12ヵ月

27. 24ヵ月

ポケットつきシンプルベスト

身頃と続けて編む縁のリブ編みがアクセントに。
何にでも合わせやすいシンプルなベストは何枚かあると着回しが効いて便利です。
兄弟姉妹でおそろいなんていうのも可愛いくて素敵。

糸：内藤商事 ラナ ビオ
編み方：83ページ

Tシャツ／SENSE OF WONDER（オーガニックコットン）　ショートパンツ／Love&Peace&Money
ひつじぬいぐるみ／After the rain

25

● 12ヵ月 ●

29.

ダブルボタンのチュニック風ベスト

少し丈が長めのチュニック風、ふんわりと可愛いシルエット。
女の子はこんなちょこっとした可愛さにウキウキしちゃうものですね。
ダブルの打ち合わせだからお腹も温か。

糸:内藤商事 ラナ ビオ ファイン
編み方:86ページ

● 24ヵ月 ●

30.

Tシャツ、バルーンキュロット／Love&Peace&Mone
くまラトル／After the rain

12ヵ月

31.

ドットレース模様のカーディガン

ちょこんとついた衿が可愛らしいカーディガンです。
ヨークで減目してふわっとさせたデザインに
水玉模様がさりげなくキュート。

糸：ハマナカ ポーム《彩土染め》
編み方：89ページ

● 24ヵ月 ●

32.

● 12ヵ月 ●

33.

ダブルボタンのニットジャケット

長編みで編んだ肘あてをアクセントに、
シンプルだけど子供らしいジャケットに仕上げました。
前立てに並んだボタンも可愛く、ヨーロッパの子供服雑誌に出てきそうな色使いで
ちょっとおませな着こなしを楽しんで。

糸：ハマナカ オーガニックウール フィールド
編み方：92ページ

● 24ヵ月 ●

34.

エンジニアブーツ／Love&Peace&Money

この本で使用した糸の一覧

写真は実物大

	糸 名	品 質	色数	玉巻	糸 長	糸のタイプ	針の号数	価 格
a	ダイヤモンド毛糸 ダイヤタスマニアンベビー	ウール100％ （タスマニアンメリノ）	11色	40g	約159m	合太	5〜6号 4/0〜5/0号	672円 (640円)
b	ダイヤモンド毛糸 ダイヤマフィン	綿100％（アルパック加工）	8色	40g	約136m	並太	3〜5号 3/0〜4/0号	756円 (720円)
c	内藤商事 ラナ ビオ ファイン	ウール（オーガニックウール） 100％	12色	50g	約165m	合太	4〜5号	819円 (780円)
d	内藤商事 ラナ ビオ	ウール（オーガニックウール） 100％	12色	50g	約120m	並太	6〜8号	819円 (780円)
e	内藤商事 コットンビオ	綿（オーガニックコットン） 100％	10色	50g	約125m	並太	5〜6号	672円 (640円)
f	ダルマ ひだまりオーガニック	綿（オーガニックコットン） 100％	12色	25g	約82m	合太	3〜5号 4/0〜6/0号	399円 (380円)
g	ダルマ カフェベビーオーガニック	綿（オーガニックコットン） 100％	7色	25g	約64m	合太	4〜5号 4/0〜6/0号	504円 (480円)
h	ハマナカ オーガニックウール フィールド	ウール100％ （オーガニックウール使用）	18色	40g	約120m	並太	5〜6号 5/0号	725円 (690円)
i	ハマナカ ポーム《無垢綿》ベビー	綿100％ （ピュアオーガニックコットン）	1色	25g	約70m	並太	5〜6号 5/0号	357円 (340円)
j	ハマナカ ポーム《無垢綿》スーピマ	綿100％ （ピュアオーガニックコットン）	1色	25g	約70m	並太	5〜6号 5/0号	389円 (370円)
k	ハマナカ ポーム《色綿》	綿100％ （ピュアオーガニックコットン）	3色	25g	約70m	並太	5〜6号 5/0号	473円 (450円)
l	ハマナカ ポームコットンリネン	綿60％ 麻（リネン）40％ （綿・麻ともピュアオーガニック）	2色	25g	約66m	並太	5〜6号 5/0号	389円 (370円)
m	ハマナカ ポームベビーカラー	綿100％ （ピュアオーガニックコットン）	5色	25g	約70m	並太	5〜6号 5/0号	410円 (390円)
n	ハマナカ ポーム《彩土染め》	綿100％ （ピュアオーガニックコットン）	5色	25g	約70m	並太	5〜6号 5/0号	473円 (450円)
o	ハマナカ ポームクロッシェ《草木染め》	綿100％ （ピュアオーガニックコットン）	6色	25g	約107m	中細	3号 3/0号	473円 (450円)
p	ハマナカ ポーム《草木染め》	綿100％ （ピュアオーガニックコットン）	5色	25g	約73m	並太	5〜6号 5/0号	473円 (450円)
q	ハマナカ フラックスK	麻（リネン）78％ 綿22％	12色	25g	約62m	並太	5〜6号 5/0号	410円 (390円)
r	ハマナカ フラックスC	麻（リネン）82％ 綿18％	12色	25g	約104m	中細	3/0号	410円 (390円)

a b　ダイヤ毛糸株式会社
c d e　内藤商事株式会社
f g　横田株式会社
h i j k l m n o p q r　ハマナカ株式会社

●糸のタイプはあくまでも目安としての表示です。
●表示価格は2011年3月31日現在のものです。
　上段は税込価格、()内は本体価格を示しております。

●使用糸に関するお問い合わせは、

ダイヤ毛糸株式会社　http://www.diakeito.co.jp
〒531-0011 大阪市淀川区西中島5-8-3　新大阪サンアールビル北館7F　TEL 06-6307-2915

内藤商事株式会社　http://www.naitoshoji.co.jp
〒124-0012 東京都葛飾区立石8-43-13　TEL 03-5671-7110

横田株式会社　http://www.daruma-ito.co.jp/
〒541-0058 大阪市中央区南久宝寺町2-5-14　TEL 06-6251-2183

ハマナカ株式会社　http://hamanaka.co.jp
〒616-8585 京都市右京区花園藪ノ下町2-3　TEL 075-463-5151
〒103-0007 東京都中央区日本橋浜町1-11-10　TEL 03-3864-5151

編みはじめる前に知っておきたいこと(棒針編み)

●棒針の持ち方

糸を左手の人差し指にかけて編む方法です。
初心者には、この方法をおすすめします。

左手(糸のかけ方)

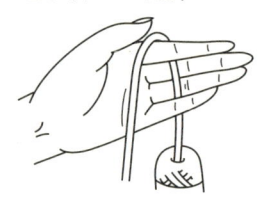

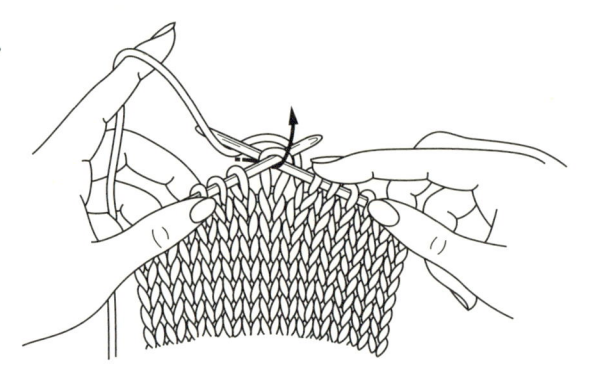

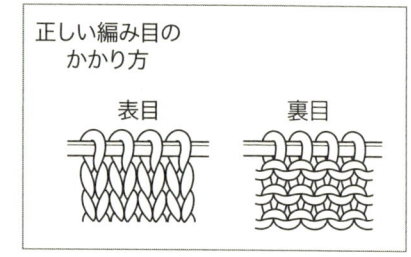

正しい編み目の
かかり方

表目　　裏目

●指でかける作り目

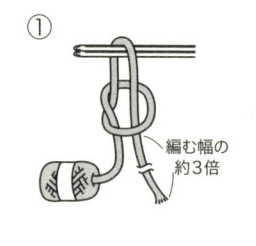

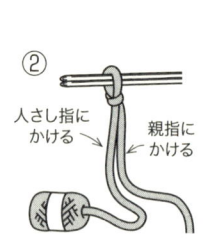

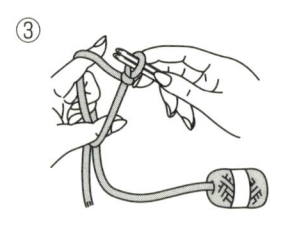

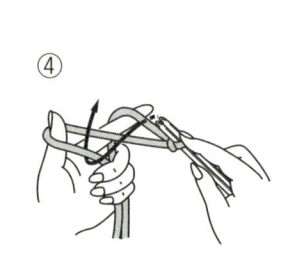

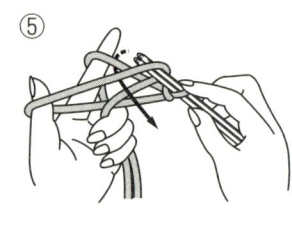

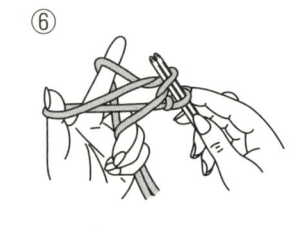

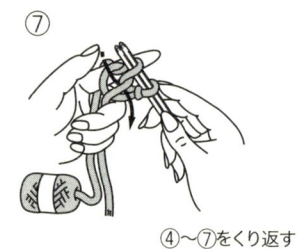

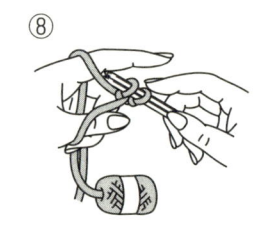

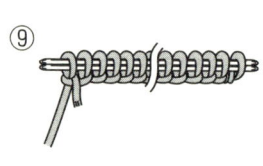

① 編む幅の約3倍
② 人さし指にかける　親指にかける
③
④
⑤
⑥
⑦ ④～⑦をくり返す
⑧
⑨
⑩ 1段め(裏側)　抜き取った針

※作り目は1段と数えます。

●ゲージを合わせる

本のゲージ

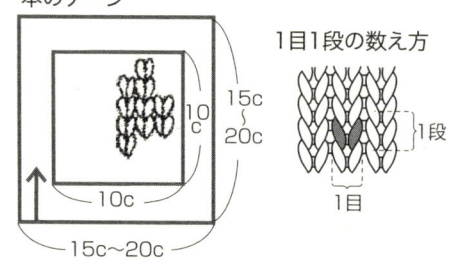

15c〜20c
10c
15c／20c

1目1段の数え方

1段
1目

30cmの幅を編むには何目必要か？35cmの丈にするには何段編めばいいか？その質問に答えてくれるのがゲージです。この場合だったら、30cm×ゲージの目数(10分の1)で必要目数、35cm×ゲージの段数(10分の1)で必要段数が分かります。本と同じゲージで編めば、本とほぼ同じ大きさのセーターが出来、本と違うゲージで編めば、本とは違う大きさのセーターができるという訳です。ゲージを計るときは、本と同じ糸、同じ針、同じ編み方で15～20cm平方の編み地を作ります。軽くスチームをかけて目を落ち着かせ、10cmに何目・何段あるか計ります。

●表目 │　　①　②

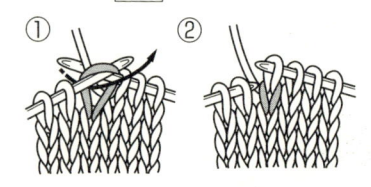

●裏目 ―　　①　②

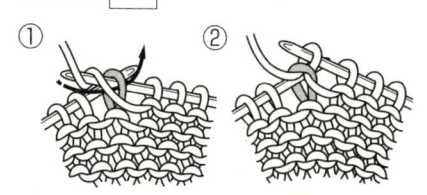

●かけ目 ○　　①　②

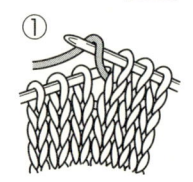

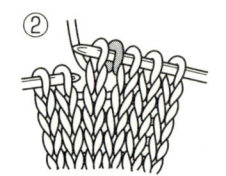

編みはじめる前に知っておきたいこと（かぎ針編み）

● かぎ針の持ち方

右手（針の持ち方）　　左手（糸のかけ方）

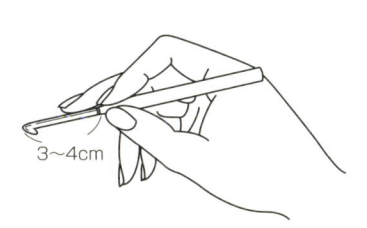

3～4cm

親指と人さし指で軽く持ち、中指を添えます。

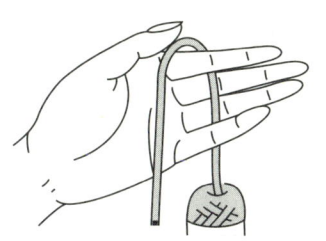

真ん中の2本の指の内側を通し、糸玉は外側に出します。

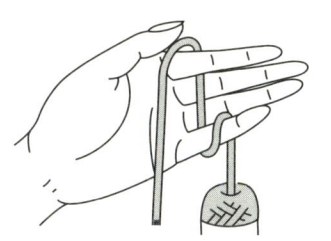

糸が細いときや、糸がすべりやすいときは、小指に1回巻きつけます。

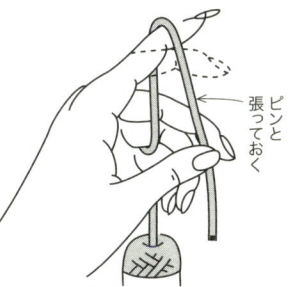

ピンと張っておく

人さし指を立て、糸をピンと張ります。

● 最初の目の作り方

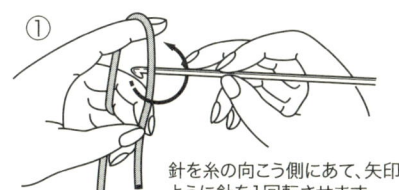

① 針を糸の向こう側にあて、矢印のように針を1回転させます。

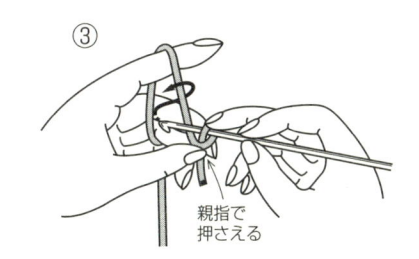

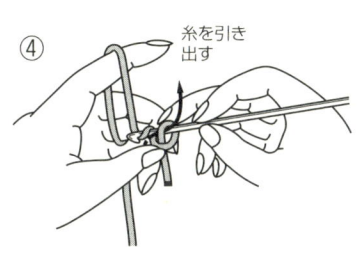

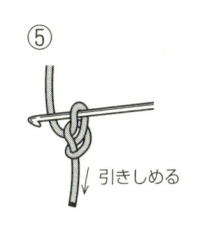

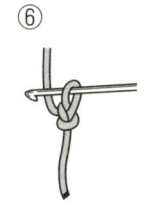

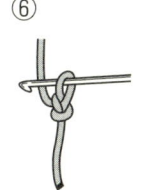

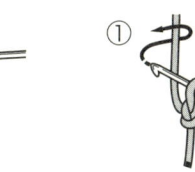

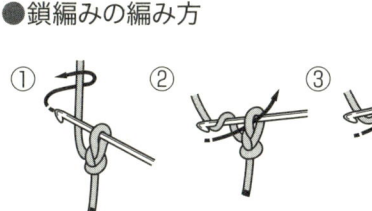

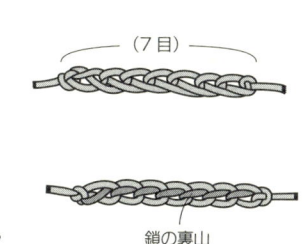

②

③ 親指で押さえる

④ 糸を引き出す

⑤

⑥ 引きしめる

最初の目の出来上がり。この目は作り目に含まれません。

● 鎖編みの編み方

① ② ③ ④

1目め

鎖が5目編めたところです。

（7目）

鎖の裏山

☆ 棒針編みの基礎

● 作り目を輪にするとき（p.74）
● 右上交差、左上交差（p.40）
● 表2目・裏1目の右上交差（p.54）
● 表2目・裏1目の左上交差（p.88）
● 左上2目交差（p.76）
● 右上2目一度、左上2目一度（p.85）
● かけ目とねじり目の増し目（p.88）
● 縞の糸の替え方（p.71）
● 伏せ止め（メリヤス編み）（p.77）
● 伏せ止め（裏メリヤス編み）（p.76）
● 目のしぼり方（p.80）
● 引き抜きはぎ、すくいとじ（p.84）

☆ かぎ針編みの基礎

● わの作り目（p.47）
● 作り目の拾い方（p.46）
● 細編み目（p.45）
● 中長編み目（p.52）
● 長編み目（p.51）
● 細編み2目一度（p.46）
● 長編み3目の玉編み（p.50）
● 鎖3目のピコット（p.79）
● 引き抜き編み（p.69）
● 二重鎖編み（p.47）
● 巻きかがり（p.88）
● ボタンのつけ方（p.95）

1 page2 0〜6ヵ月

●用意するもの
糸…ダイヤモンド毛糸 ダイヤタスマニアンベビー（合太タイプ）アイボリー（307）[ドレス180g、ボンネット25g、ブーティ20g、ミトン15g]240g／6玉。
付属品…直径15mmのボタン5個、直径10mmの内ボタン1個。
針…棒針5号、かぎ針4/0号。

●でき上がり寸法
ドレス＝胸囲54cm、丈49cm、ゆき丈31.5cm、ボンネット＝顔回り32cm、深さ11.5cm、ブーティ・ミトン＝図参照。

●ゲージ
10cm平方で模様編みB27目×36段。

●編み方ポイント
ドレス　裾・袖口から指でかける作り目をして編み始め、脇・ラグラン線は減目をし、編み終わりは伏せ止めにします。前は左右対称に2枚、袖は同様に2枚編みます。うしろ・前・袖は図（p.41）のように配置し、すくいとじにします。

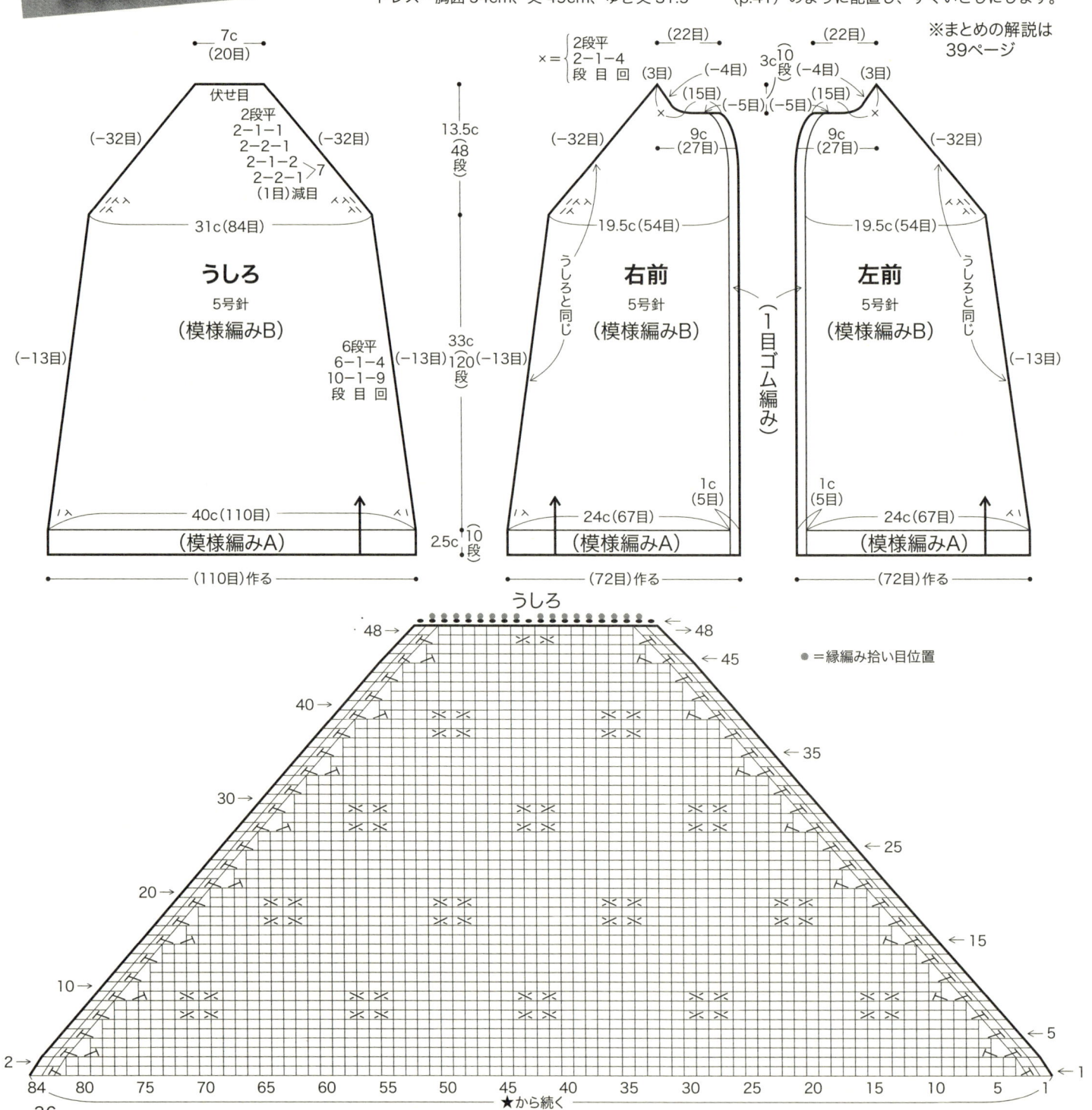

※まとめの解説は39ページ

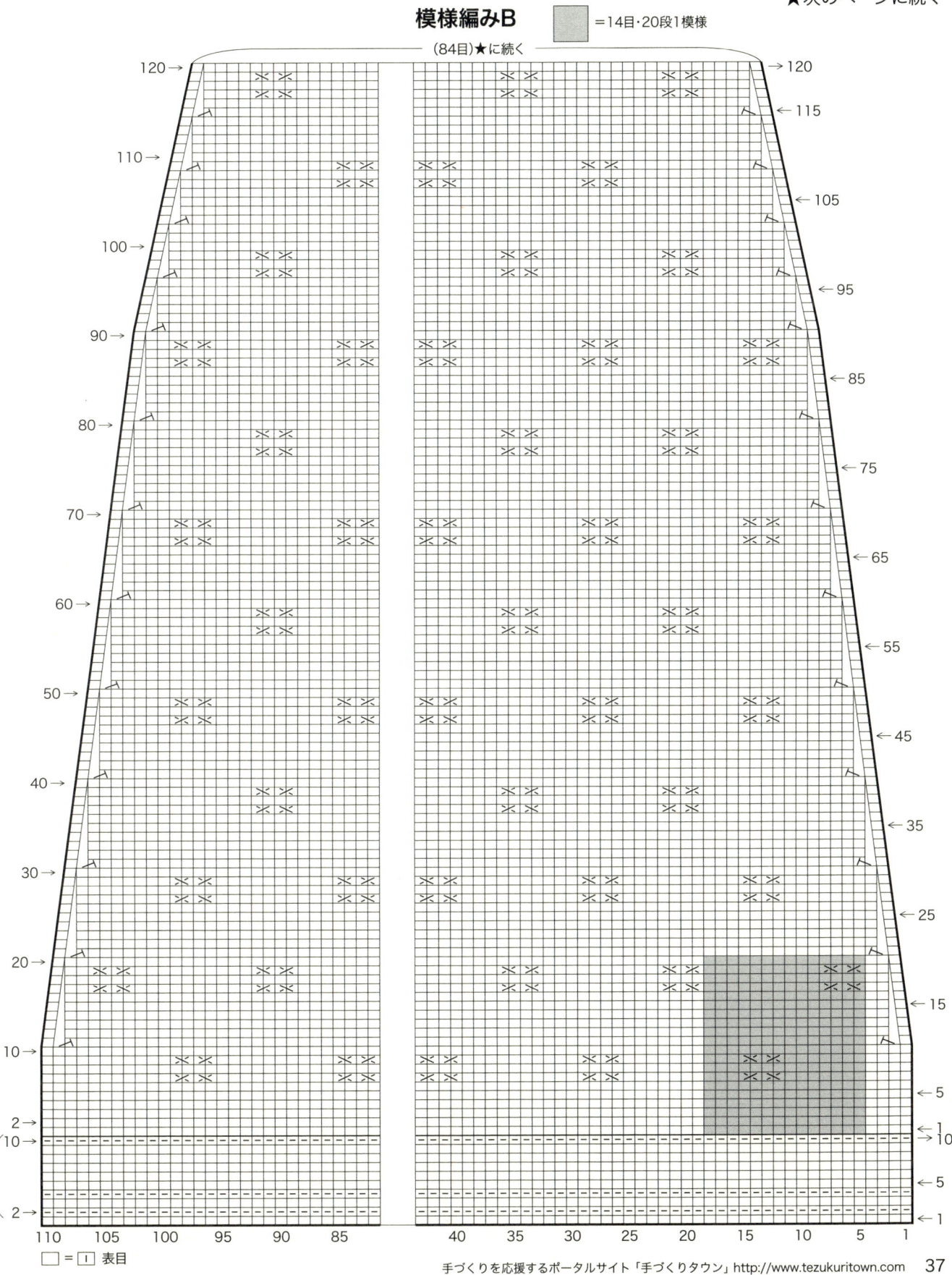

模様編みB

□ = 14目・20段1模様

★次のページに続く

(84目)★に続く

□ = | 表目

模様編みA

★前ページからの続き　　　　　右前　　　　　　　　　　　　　左前

糸を切る

□ = ｜ 表目

★次のページに続く

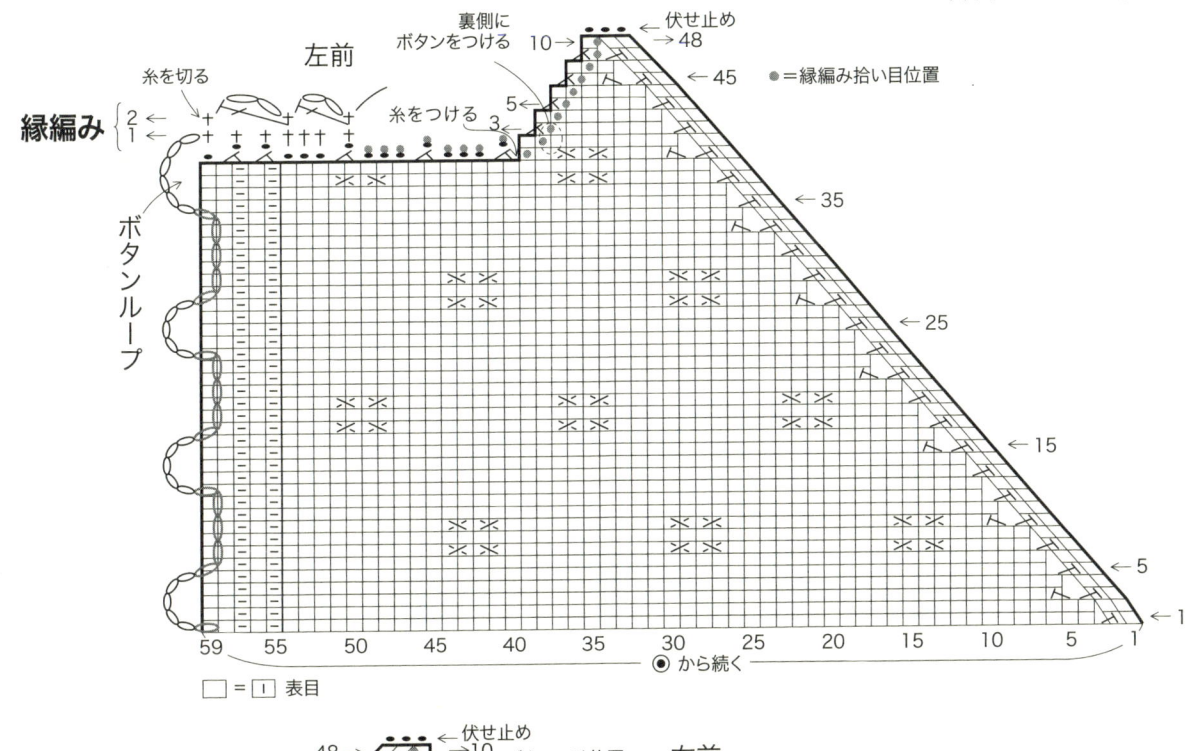

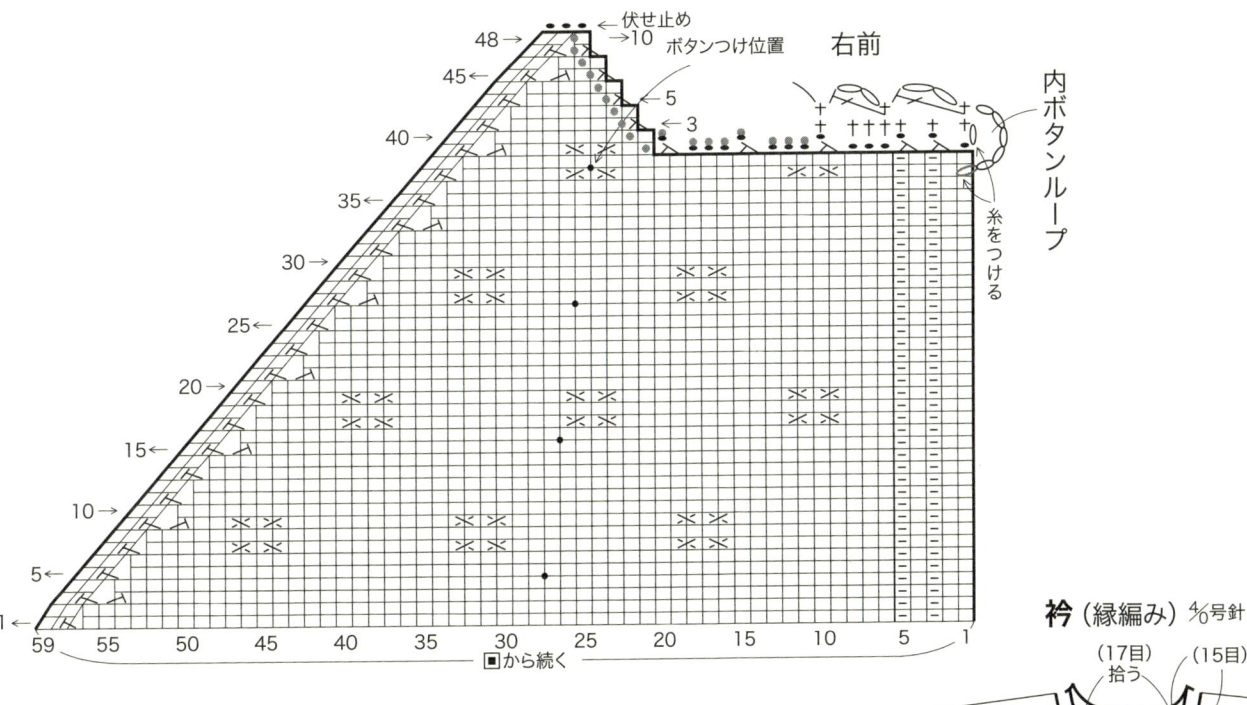

左前

縁編み { 2← / 1← }

糸を切る　裏側にボタンをつける　伏せ止め →48
糸をつける　●=縁編み拾い目位置
→10
←45
5
3
←35
←25
←15
←5

ボタンループ

59 55 50 45 40 35 30 25 20 15 10 5 1
(●)から続く
□ = ① 表目

右前

伏せ止め　ボタンつけ位置
→10 →48
45
40 5
35 3
30
25
20
15
10
5
1

内ボタンループ
糸をつける

59 55 50 45 40 35 30 25 20 15 10 5 1
■から続く

衿（縁編み）4/0号針

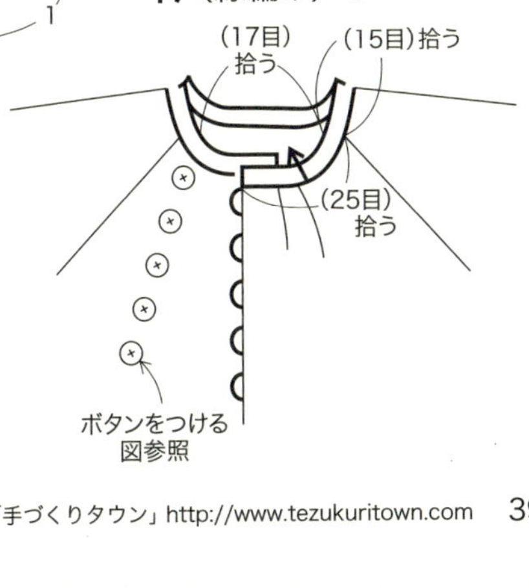

(17目)拾う
(15目)拾う
(25目)拾う

ボタンをつける図参照

まとめ　各部分をとじ合わせましたら、衿ぐりの縁編みをします。右前の指定位置に糸をつけ、1段めは細編みで右前25目、右袖15目、うしろ17目、左袖15目、右前25目拾い、続けて左前立てのボタンホール5個作り、糸を切ります。2段めは新たに糸をつけ、内ボタンループを作ってから編みます。

手づくりを応援するポータルサイト「手づくりタウン」http://www.tezukuritown.com

★前ページからの続き

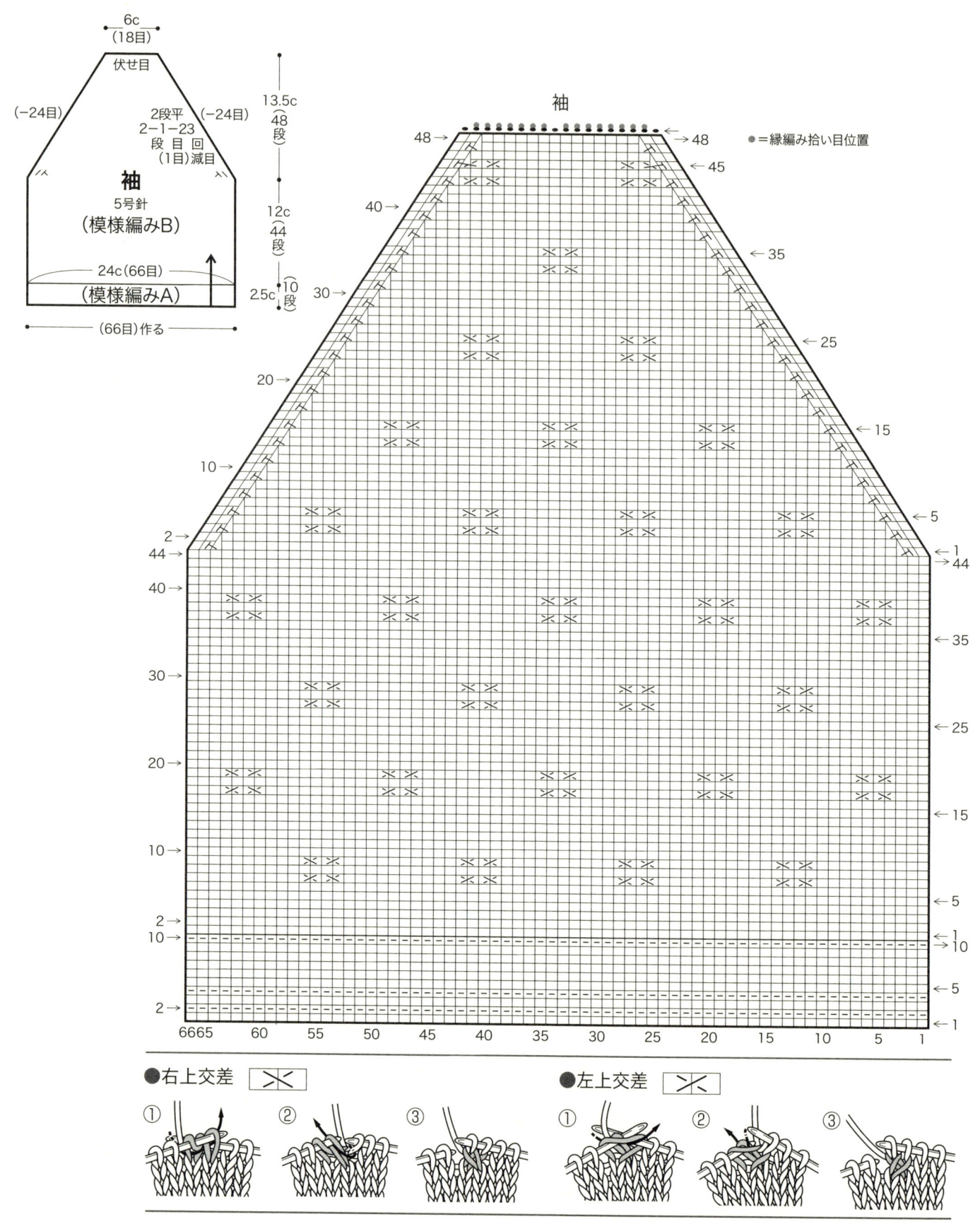

袖
5号針
(模様編みB)

6c (18目) 伏せ目
(−24目) 2段平 2-1-23 段目回 (1目)減目 (−24目)
13.5c (48段)
12c (44段)
2.5c (10段)
24c (66目)
(模様編みA)
(66目)作る

袖
●=縁編み拾い目位置

●右上交差 ⨯
●左上交差 ⨯

ドレス配置図

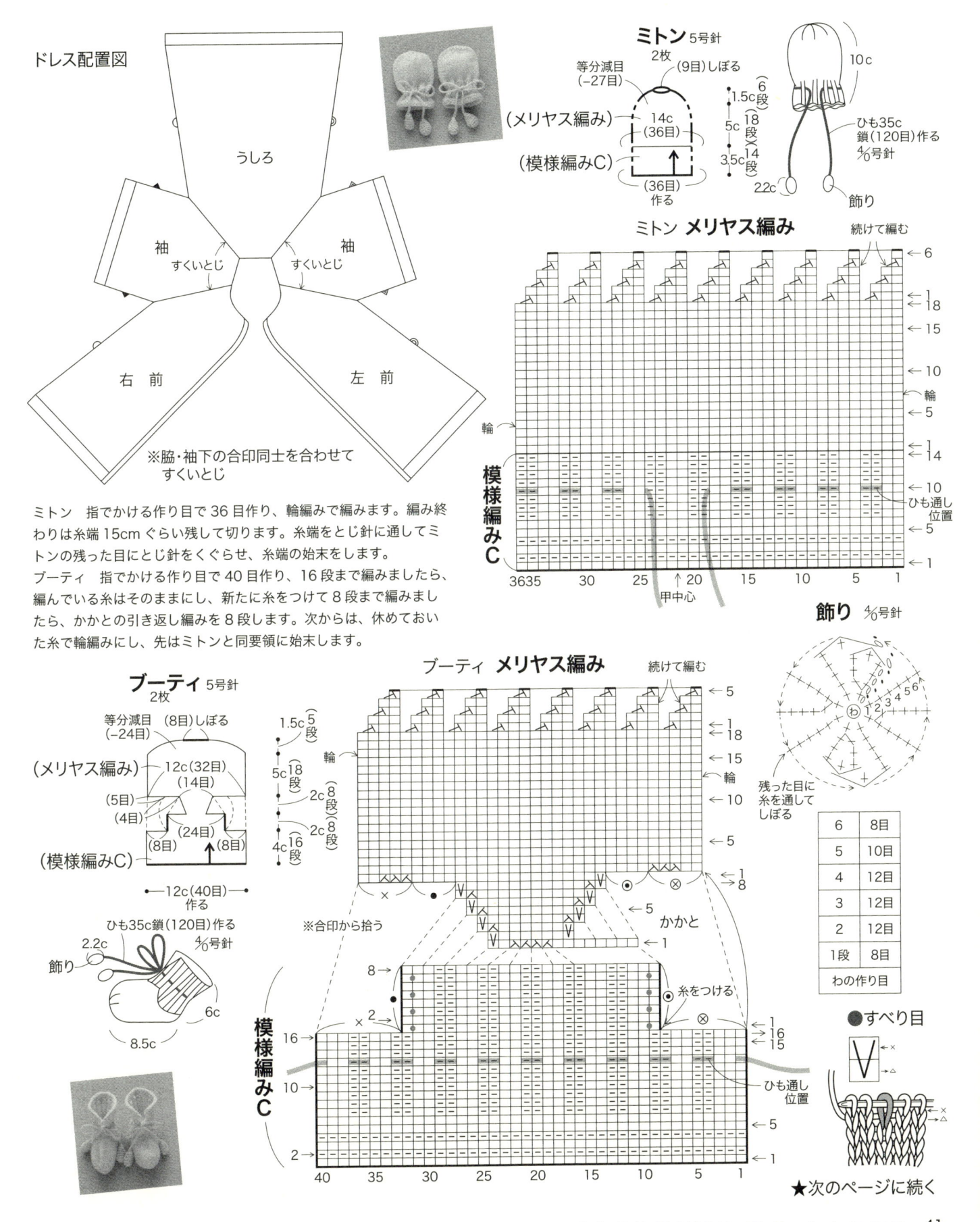

うしろ

袖　袖
すくいとじ　すくいとじ

右前　左前

※脇・袖下の合印同士を合わせて
すくいとじ

ミトン　指でかける作り目で36目作り、輪編みで編みます。編み終わりは糸端15cmぐらい残して切ります。糸端をとじ針に通してミトンの残った目にとじ針をくぐらせ、糸端の始末をします。

ブーティ　指でかける作り目で40目作り、16段まで編みましたら、編んでいる糸はそのままにし、新たに糸をつけて8段まで編みましたら、かかとの引き返し編みを8段します。次からは、休めておいた糸で輪編みにし、先はミトンと同要領に始末します。

ミトン 5号針 2枚

等分減目（−27目）　（9目）しぼる
10c

（メリヤス編み）14c（36目）
1.5c 6段
5c 18段
3.5c 14段

（模様編みC）
（36目）作る

ひも35c
鎖（120目）作る
4/0号針

22c

飾り

ミトン メリヤス編み

続けて編む

←6
←1
←18
←15
←10
←輪
←5
←1
←14
←10
ひも通し位置
←5
←1

模様編みC

36 35　30　25　↑20　15　10　5　1
甲中心

ブーティ 5号針 2枚

等分減目（−24目）しぼる　1.5c 5段
（メリヤス編み）12c（32目）（14目）
（5目）（4目）
5c 18段
2c 8段
2c 8段
（模様編みC）（24目）（8目）（8目）
4c 16段

●12c（40目）作る

ひも35c鎖（120目）作る　4/0号針

2.2c　飾り
6c
8.5c

ブーティ メリヤス編み

続けて編む

←5
←1
←18
←15
←輪
←10
←輪
←5
←1 ←8
←5
かかと
←1
※合印から拾う
8→
×2
糸をつける
←1
←16
←15

模様編みC

16
10
5
2→
ひも通し位置
←1
40　35　30　25　20　15　10　5　1

飾り 4/0号針

残った目に糸を通してしぼる

6	8目
5	10目
4	12目
3	12目
2	12目
1段	8目
わの作り目	

●すべり目

V

★次のページに続く

★前ページからの続き

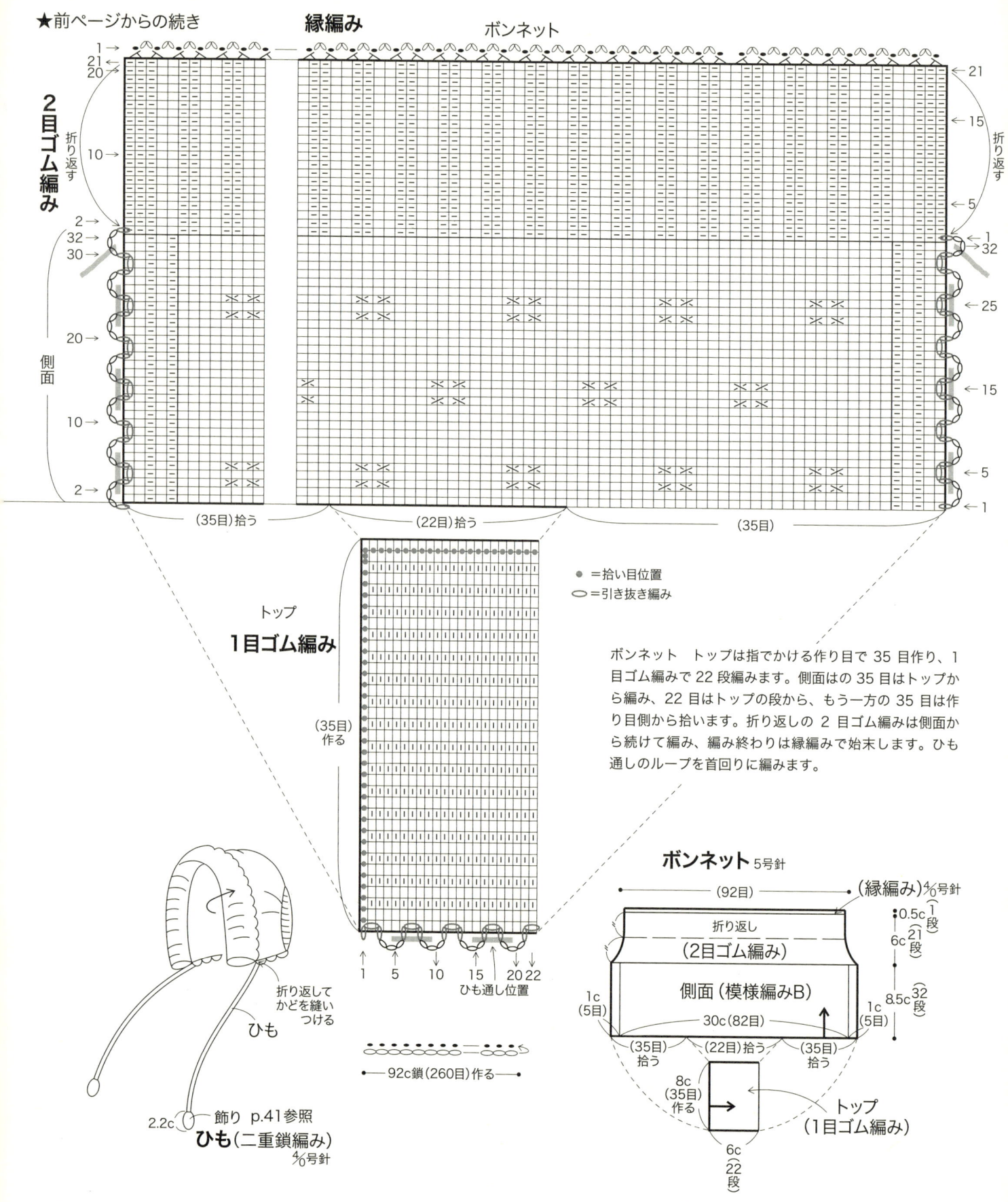

縁編み ボンネット

2目ゴム編み

側面

1目ゴム編み トップ

ひも通し位置

●=拾い目位置
⌒=引き抜き編み

ボンネット　トップは指でかける作り目で 35 目作り、1 目ゴム編みで 22 段編みます。側面はの 35 目はトップから編み、22 目はトップの段から、もう一方の 35 目は作り目側から拾います。折り返しの 2 目ゴム編みは側面から続けて編み、編み終わりは縁編みで始末します。ひも通しのループを首回りに編みます。

折り返してかどを縫いつける

ひも（二重鎖編み）4/0号針

飾り p.41参照

——92c鎖(260目)作る——

ボンネット 5号針

(92目) (縁編み)4/0号針

折り返し
(2目ゴム編み)

側面(模様編みB)

1c(5目)　30c(82目)　1c(5目)

(35目)拾う　(22目)拾う　(35目)拾う

8c(35目)作る

トップ(1目ゴム編み)

0.5c(1段)
6c(21段)
8.5c(32段)
6c(22段)

2 page3 0〜6ヵ月

●用意するもの
糸…ハマナカ ポーム《色綿》(並太タイプ) ベージュ (32) [ドレス 390g、ボンネット 40g、ブーティ 15g]445g／18玉、ポーム《無垢綿》ベビー オフホワイト (11) [フリル・ブーティ各 5g]10g／1玉。
付属品…直径 20mm のボタン 1 個、直径 10mm の内ボタン 8 個。
針…かぎ針 6/0 号。

●でき上がり寸法
ドレス=胸囲 60cm、背肩幅 21cm、丈 55cm、袖丈 21.5cm、ボンネット=頭回り 44cm、深さ 10cm、ブーティ=図参照。

●ゲージ
10cm 平方で模様編み A5 模様 ×12 段。

●編み方ポイント
前・うしろは続けて鎖 351 目作り、1 段めは鎖の裏山を拾って細編みで編みます。2 段めからは模様編み A で 41 段までまっすぐ編み、42 段めで模様を変形し、3 模様を 2 模様に減目します。次からは左右前端で減目し、8 段編みましたら、続けて左前を編み、うしろ・右前は各々糸を新たつけて編みます。袖は身頃と同要領の作り目をして編みます。 ※まとめの解説は 44 ページ

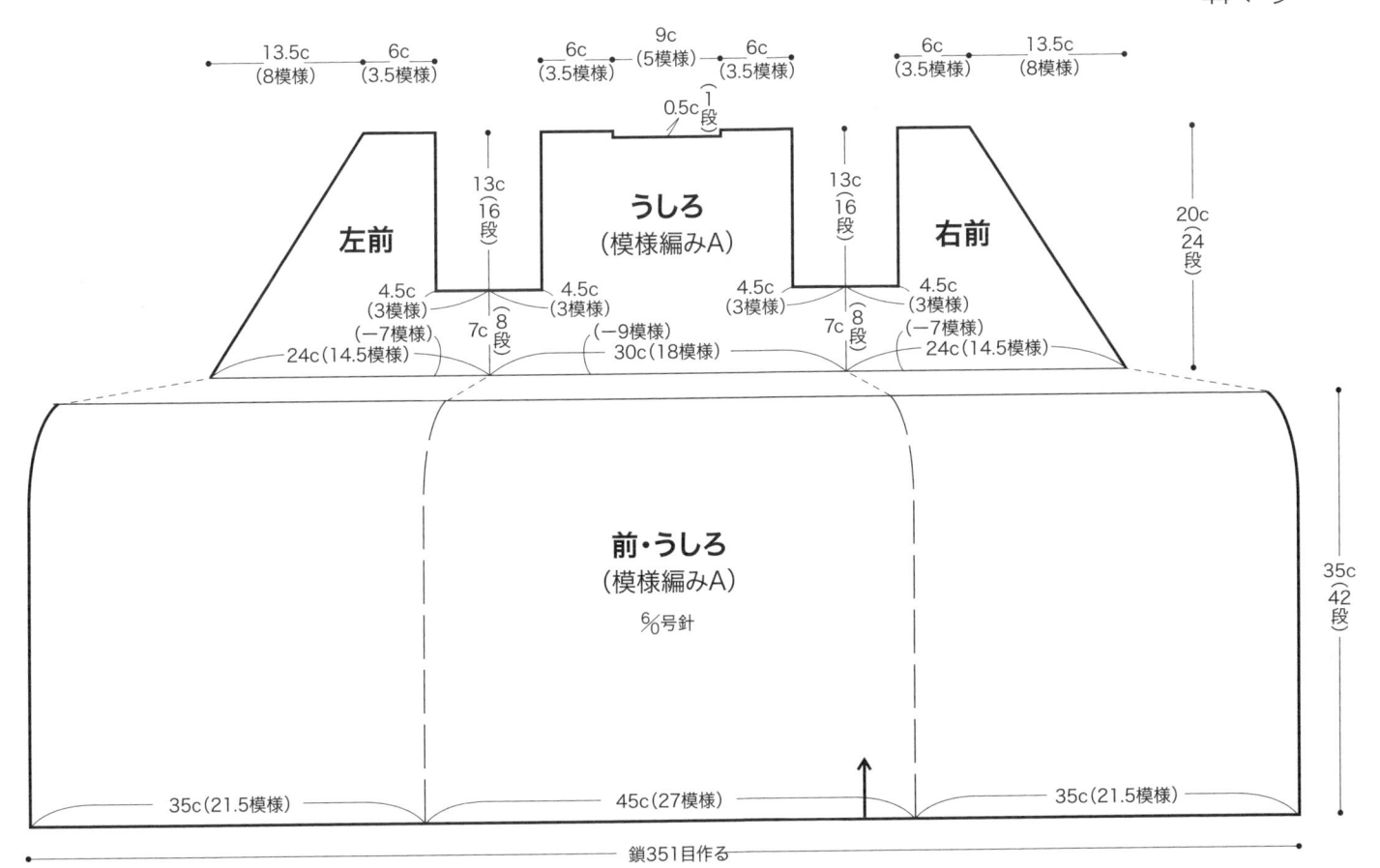

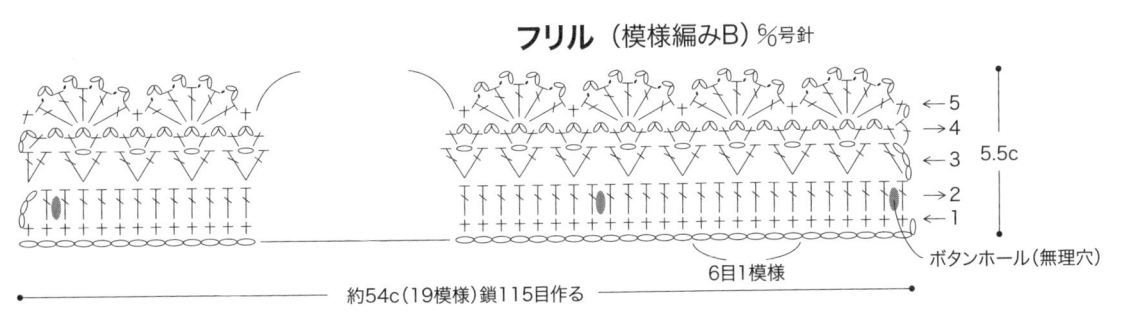

左前 / うしろ（模様編みA）/ 右前

- 13.5c (8模様) / 6c (3.5模様)
- 6c (3.5模様) / 9c (5模様) / 6c (3.5模様)
- 6c (3.5模様) / 13.5c (8模様)
- 0.5c (1段)
- 13c (16段)
- 20c (24段)
- 4.5c (3模様) / 4.5c (3模様) / 4.5c (3模様) / 4.5c (3模様)
- (−7模様) / 7c (8段) / (−9模様) / 7c (8段) / (−7模様)
- 24c (14.5模様) / 30c (18模様) / 24c (14.5模様)

前・うしろ（模様編みA） 6/0号針

- 35c (42段)
- 35c (21.5模様) / 45c (27模様) / 35c (21.5模様)
- 鎖351目作る

フリル（模様編みB）6/0号針

5.5c
- ←5
- →4
- ←3
- →2
- ←1

6目1模様
ボタンホール（無理穴）
約54c (19模様) 鎖115目作る

★次のページに続く

★前ページからの続き

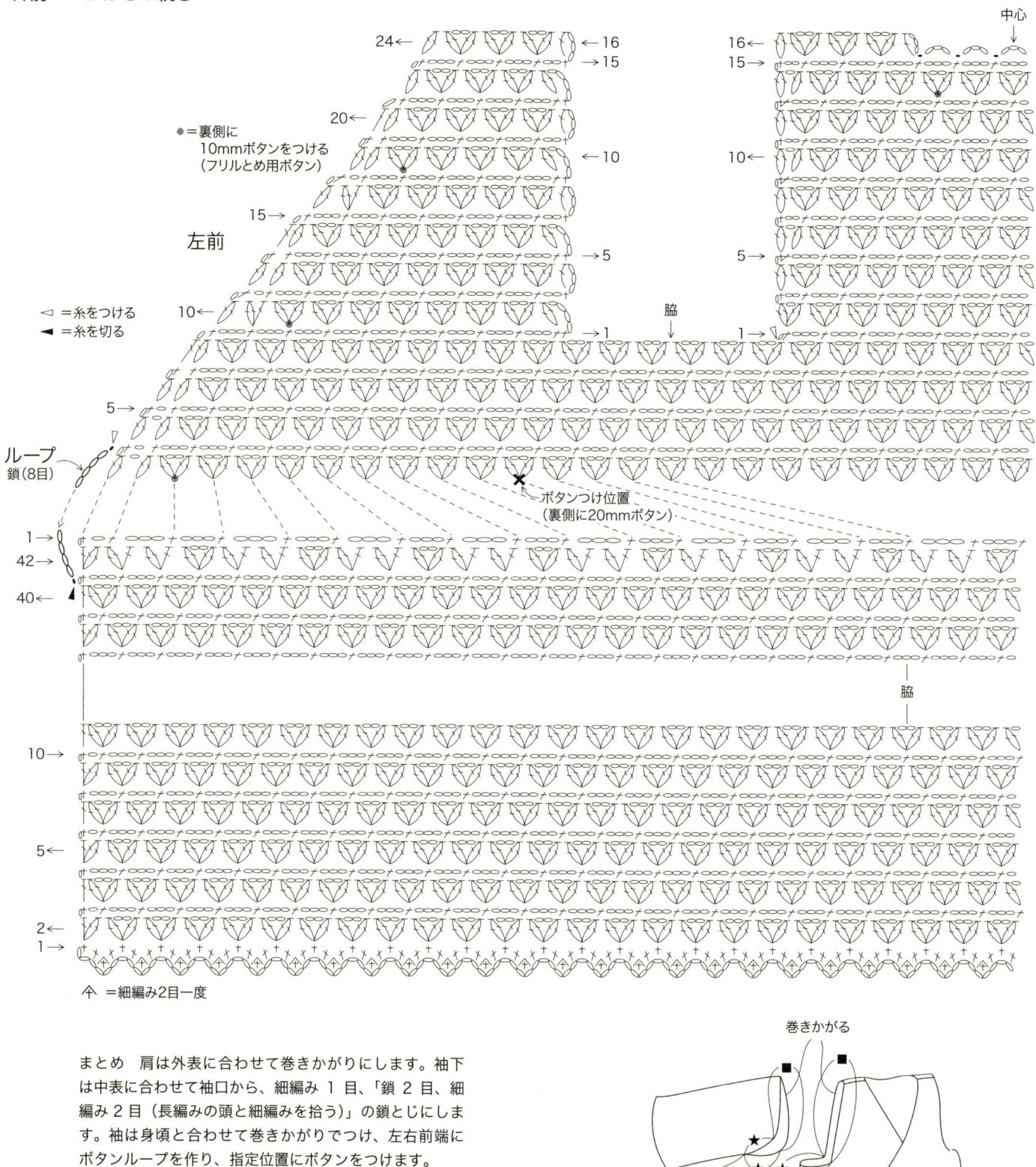

左前

● ＝裏側に10mmボタンをつける（フリルとめ用ボタン）

◁ ＝糸をつける
◀ ＝糸を切る

ループ
鎖（8目）

中心

脇

ボタンつけ位置
（裏側に20mmボタン）

↑ ＝細編み2目一度

まとめ　肩は外表に合わせて巻きかがりにします。袖下は中表に合わせて袖口から、細編み1目、「鎖2目、細編み2目（長編みの頭と細編みを拾う）」の鎖とじにします。袖は身頃と合わせて巻きかがりでつけ、左右前端にボタンループを作り、指定位置にボタンをつけます。

巻きかがる

中心を縫いつける
外表に合わせて前目巻きかがる

ボタンの編み方 2枚
中長編み12目

内ボタン
20mm1個

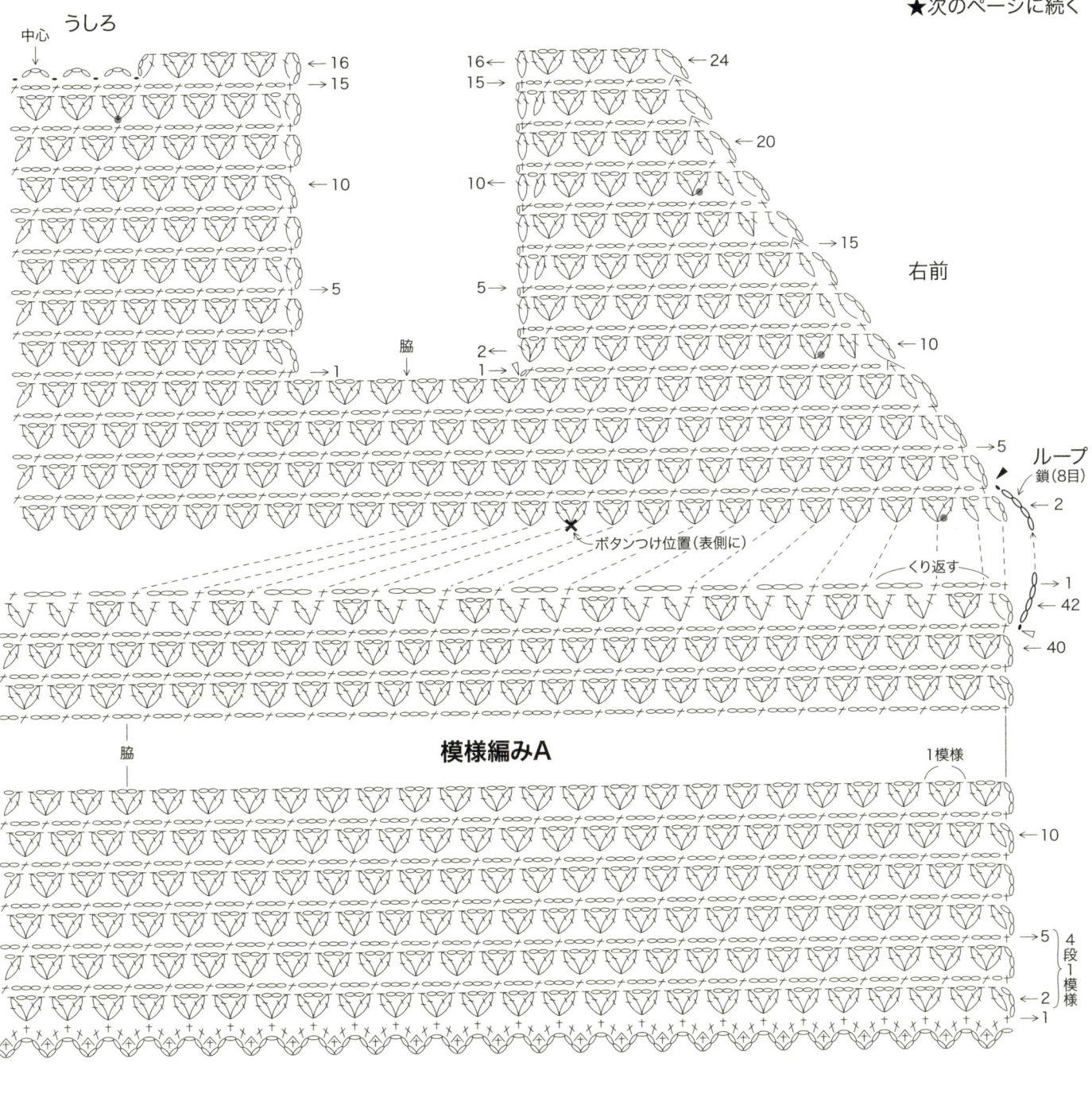

うしろ 中心 ←16 →15 ←10 →5 →1 脇

右前 ←24 16← →15 ←20 10← →15 5→ ←10 2← →1 →5 ←2 →1 ←42 →40

ループ
鎖(8目)

ボタンつけ位置(表側に)
くり返す

脇 模様編みA 1模様

←10 →5 2→ →1 4段1模様

●細編み目 ＋

① ② ③ ④

手づくりを応援するポータルサイト「手づくりタウン」http://www.tezukuritown.com

★次のページに続く

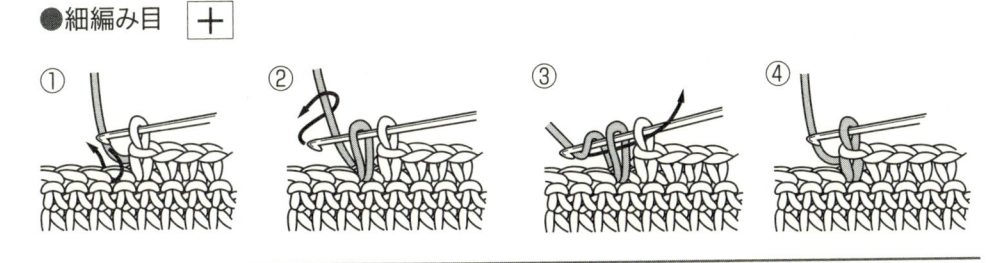

★前ページからの続き

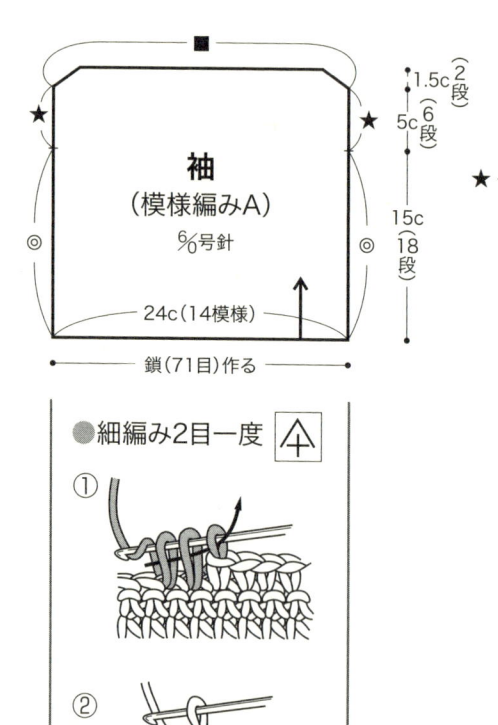

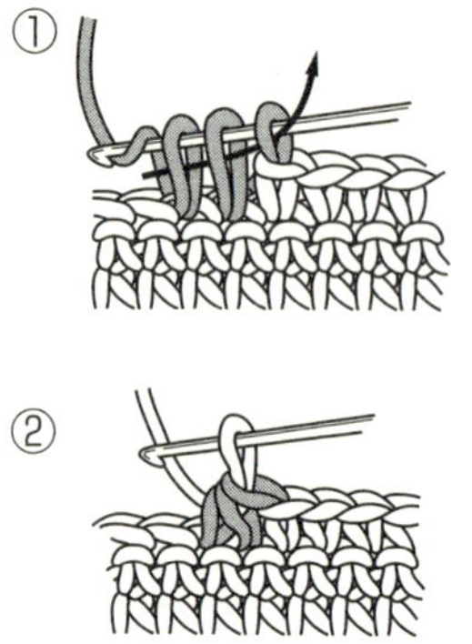

袖
（模様編みA）
5/0号針

1.5c（2段）
5c（6段）
15c（18段）
24c（14模様）
鎖（71目）作る

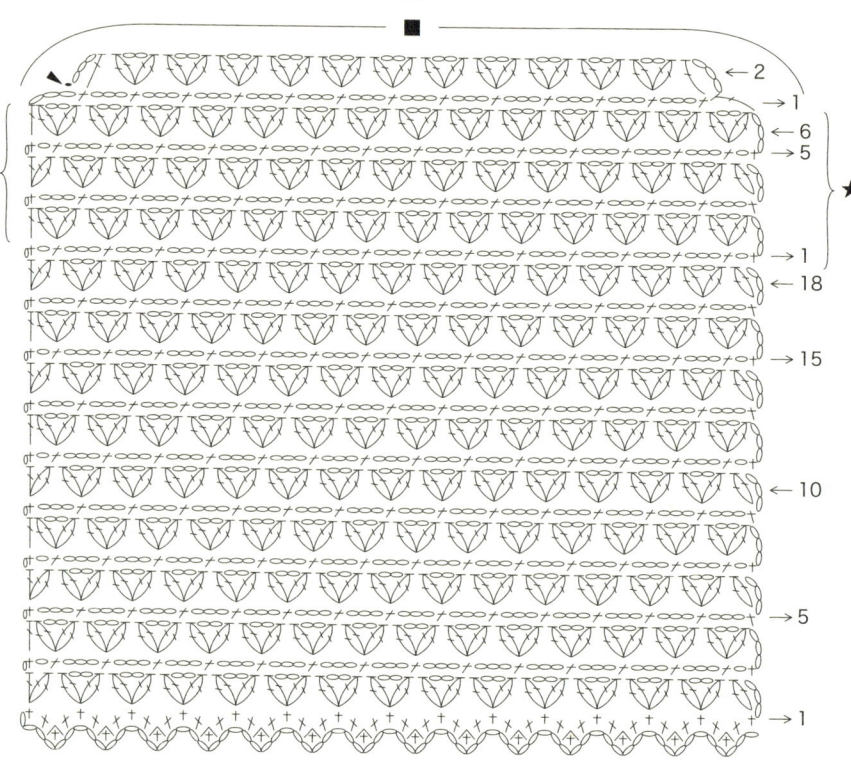

● 細編み2目一度

袖

→1
←2
←6
←5
→1
←18
→15
→10
→5
→1

● 作り目の拾い方

裏山1本を拾う

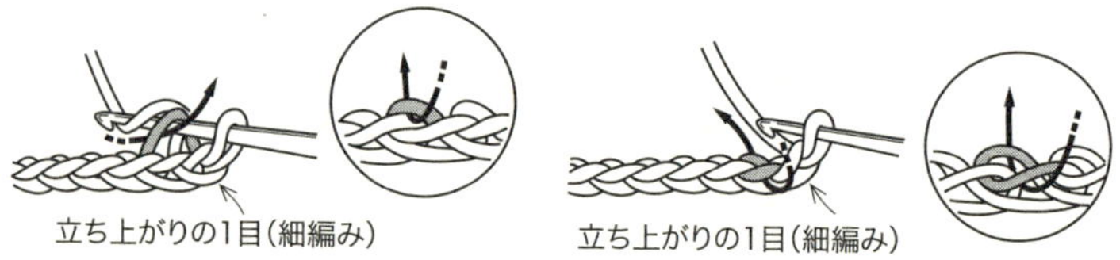

半目と裏山を拾う

立ち上がりの1目（細編み）

ブーティ 5/0号針

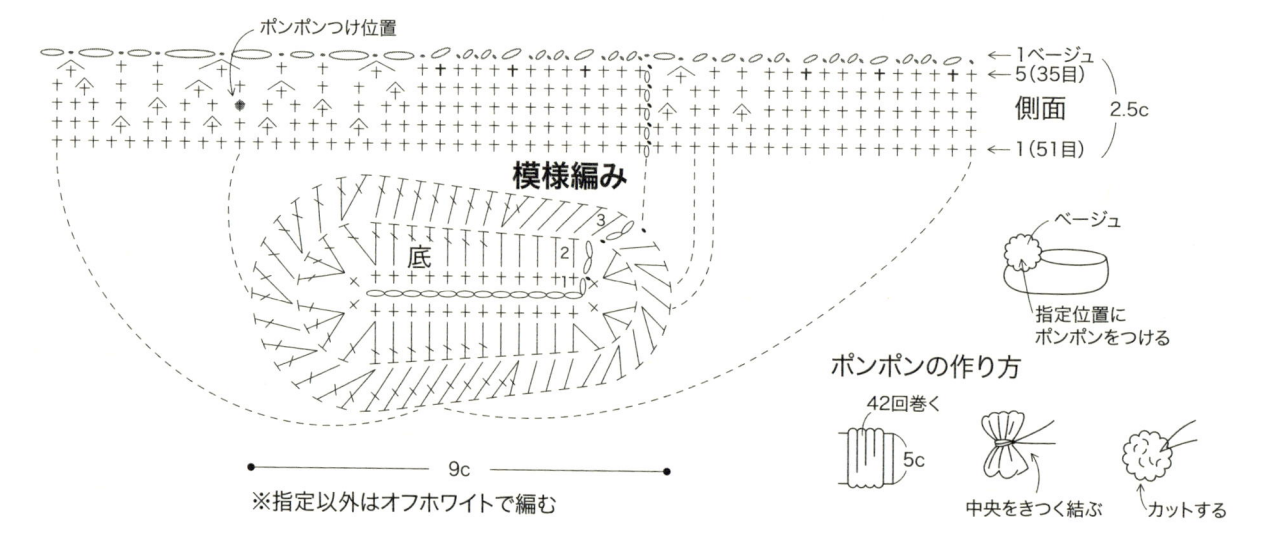

ポンポンつけ位置

←1ベージュ
←5（35目）
←1（51目）
側面 2.5c

模様編み
底

9c

ベージュ
指定位置にポンポンをつける

ポンポンの作り方
42回巻く
5c
中央をきつく結ぶ
カットする

※指定以外はオフホワイトで編む

▷ = 糸をつける
▶ = 糸を切る

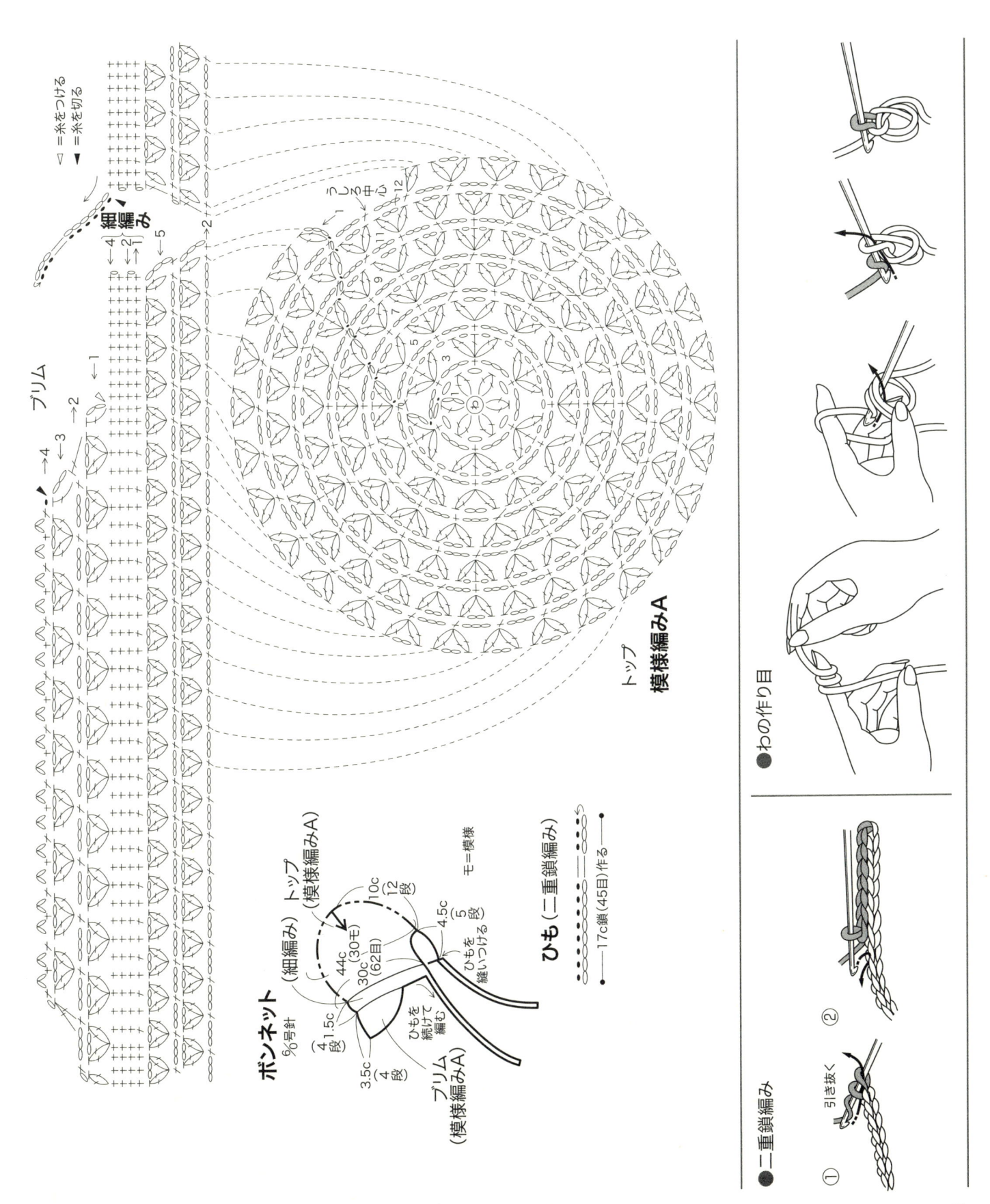

細編み

ブリム

→5
→4
→3
→2
→1

トップ
模様編みA

ボンネット
トップ（模様編みA）
ブリム（模様編みA）
10c／12段
4.5c／5段
44c（30モ）
30c（62目）
4c／1.5段
3.5c／4段
ひもを続けて編む
ひもを離けてつける

ひも（二重鎖編み）
17c鎖（45目）作る

● わの作り目

● 二重鎖編み
① 引き抜く
②
▬ = 二重鎖編み

6/0号針

3
page6
3〜12ヵ月

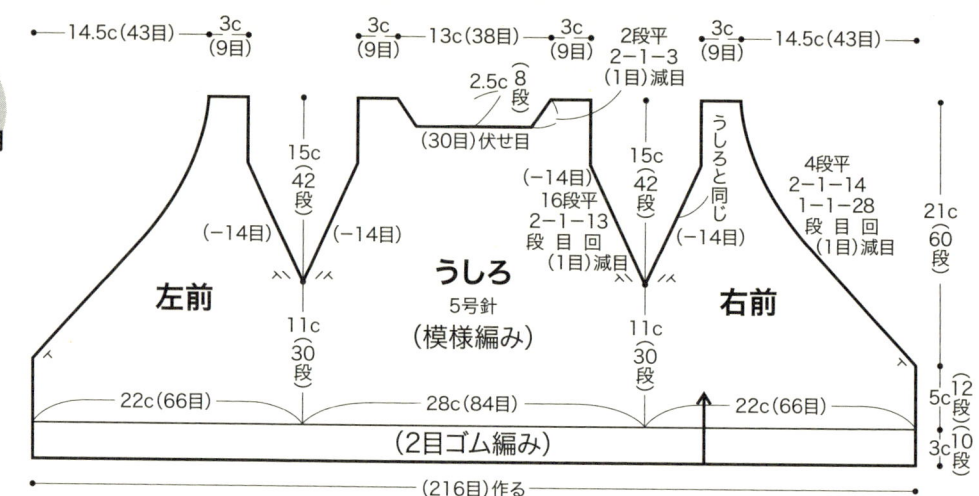

●用意するもの
糸…ハマナカ ポーム コットンリネン（並太タイプ）白（201）100g／4玉、フラックスK（並太タイプ）ネービーブルー（17）10g／1玉。
針…棒針5号、かぎ針5/0号。

●でき上がり寸法
胸囲56cm、背肩幅19cm、丈29cm。

●ゲージ
10cm平方で模様編み 30目×28段。

●編み方ポイント
右前・うしろ・左前は続けて、裾から指でかける作り目をして編み始めます。模様編みで12段編みましたら、左右前端で減目していきます。18段まで編みましたら、糸の続きで右前を編み、うしろ・左前は各々新たに糸をつけて編みます。まとめ 肩は中表に合わせて引き抜きはぎにします。衿は衿ぐりから拾って編みます。袖ぐりは1目内側に引き抜き編みをして始末します。ひもは外側2本は二重鎖編み、内側2本は鎖編みにします。

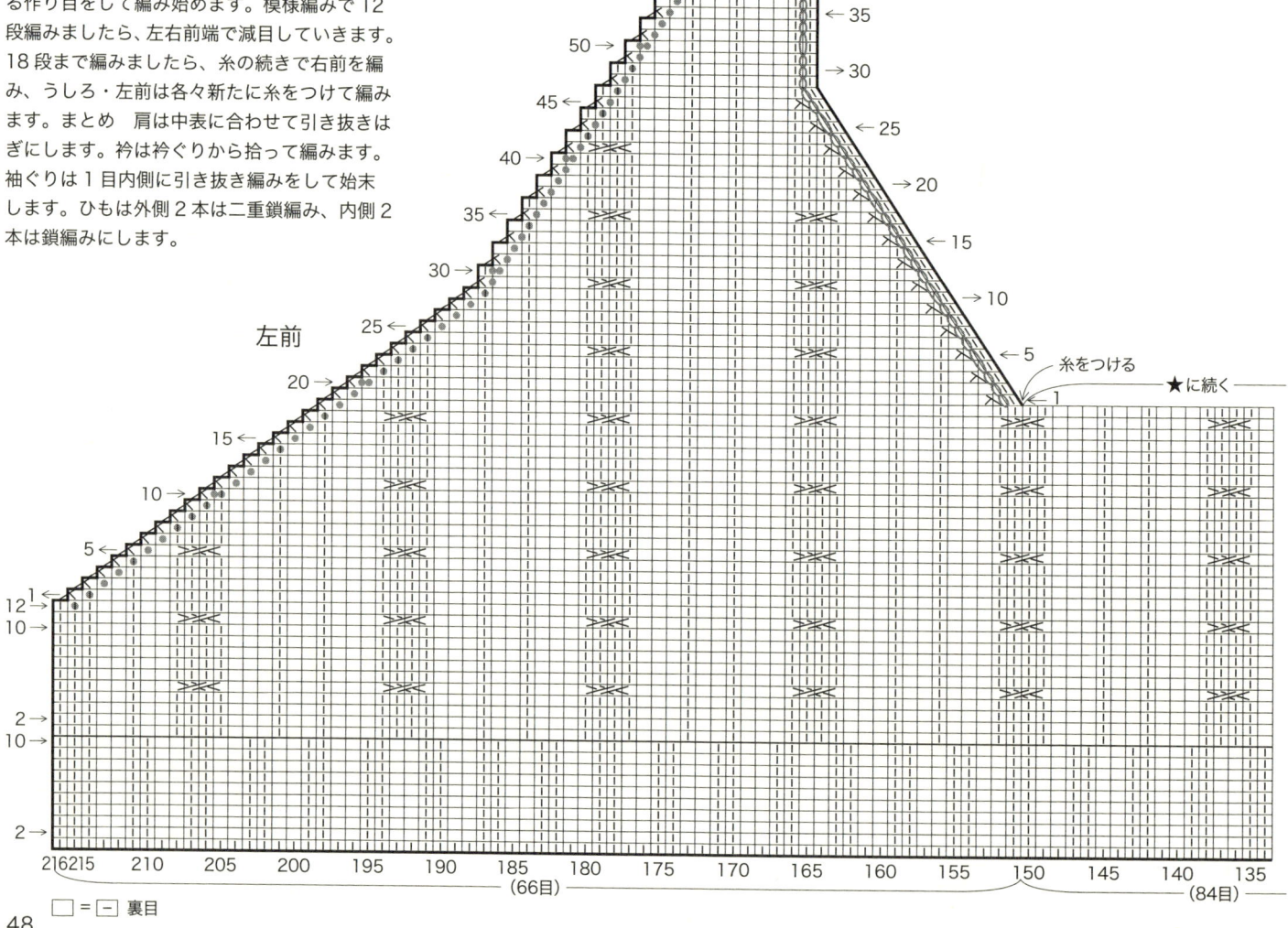

・=拾い目位置
○=引き抜き編み

□=⊟ 裏目

うしろ
糸をつける

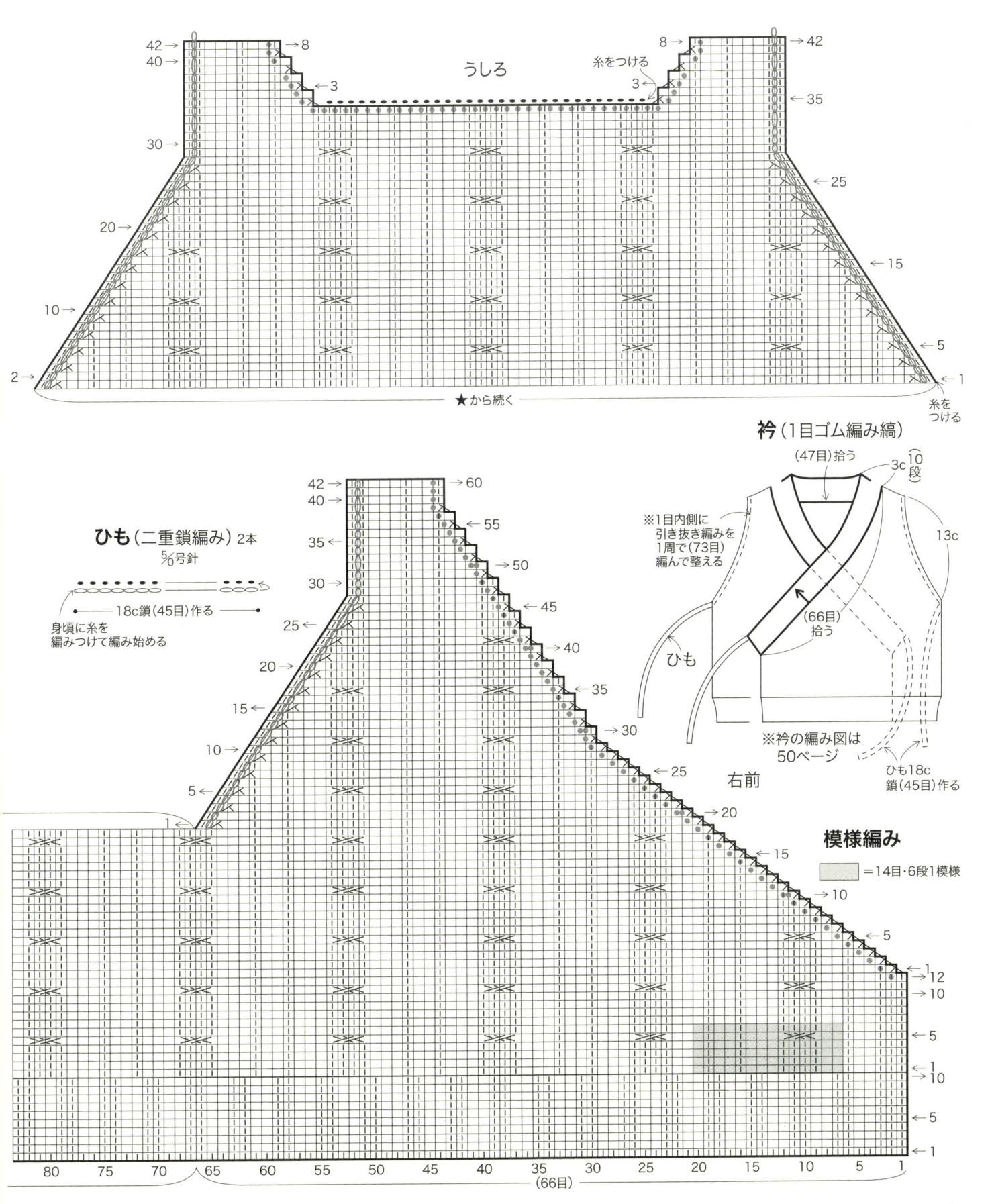

ひも(二重鎖編み)2本
5/0号針
18c鎖(45目)作る
身頃に糸を編みつけて編み始める

衿(1目ゴム編み縞)
(47目)拾う
3c 10段
※1目内側に引き抜き編みを1周で(73目)編んで整える
13c
(66目)拾う
ひも
右前
※衿の編み図は50ページ
ひも18c鎖(45目)作る

模様編み
= 14目・6段1模様

糸をつける
★から続く
(66目)

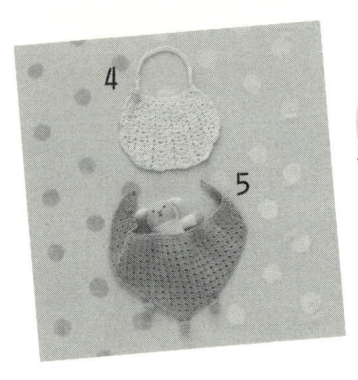

4,5 page7 3〜12ヵ月

●用意するもの
糸…ダイヤモンド毛糸 ダイヤマフィン（並太タイプ）4＝オフホワイト（6）15g／1玉、5＝ベージュ（10）25g／1玉。
付属品…4＝直径15mmのボタン1個
針…かぎ針4/0号。

●でき上がり寸法
図参照。

●編み方ポイント
4＝スタイ 鎖31目作り、鎖の裏山を拾って編み始めます。ひもは本体の作り目に糸をつけて鎖60目作り、ボタンループ分を続けて鎖10目編み、鎖の裏山を拾って細編み5目、鎖4目をくり返して細編みを42目編みます。ボタンを指定位置につけて仕上げます。

5＝スタイ 図を参照して右端42段まで増し目、43段から78段まで減目して編みます。左端2目は4段まで、長編み、細編みをくり返して編み、あとは毎段細編みで編みます。編み玉を作り、指定位置につけます。

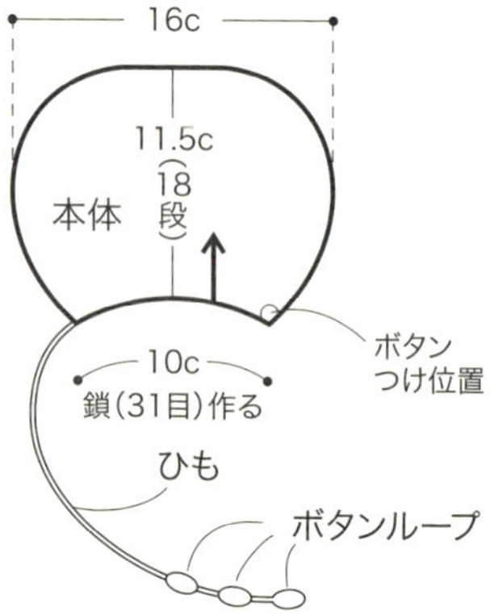

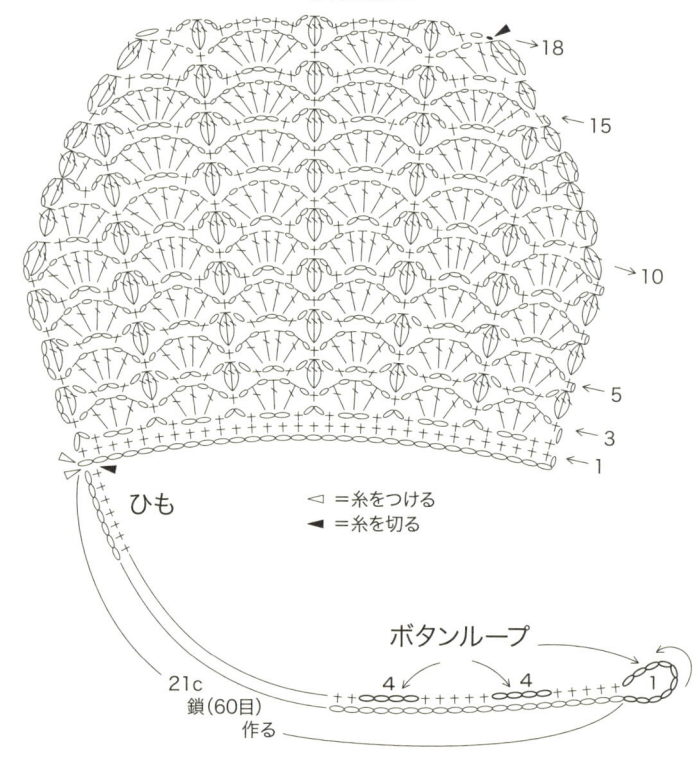

スタイ（模様編み） 4/0号針

- 16c
- 11.5c（18段）本体
- 10c 鎖（31目）作る
- ひも
- ボタンループ
- ボタンつけ位置

本体 模様編み

◁ ＝糸をつける
◀ ＝糸を切る

ひも 21c 鎖（60目）作る
ボタンループ

3 49ページからの続き

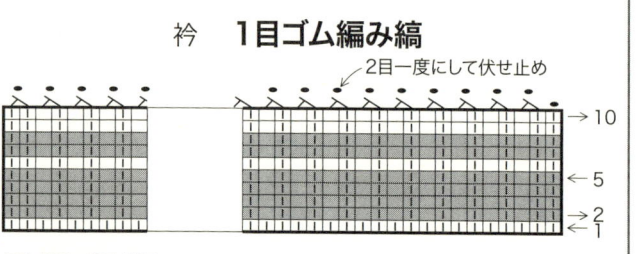

衿 1目ゴム編み縞

2目一度にして伏せ止め

□、■ ＝ - 裏目
■ ＝ネービーブルー

●長編み3目の玉編み

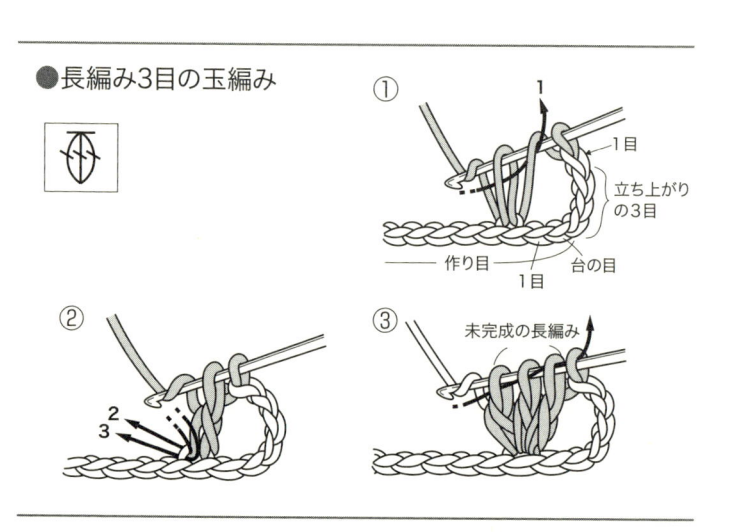

① 立ち上がりの3目／1目／作り目／台の目／1目
②
③ 未完成の長編み

スタイ（模様編み） 4/0号針

- (6目)
- 34c (78段)
- 13c (43目) 図参照
- 編みび玉
- 鎖(1目)作る

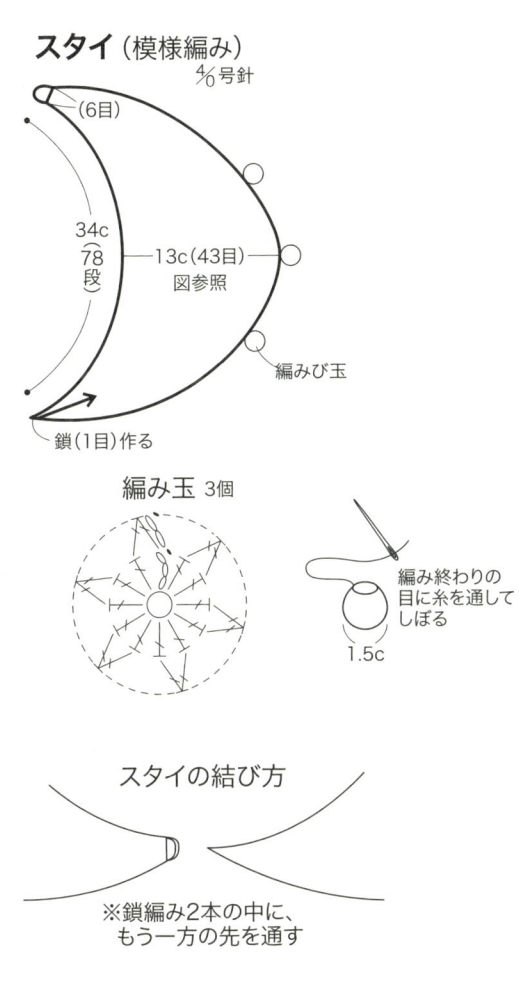

編み玉 3個

編み終わりの目に糸を通してしぼる

1.5c

スタイの結び方

※鎖編み2本の中に、もう一方の先を通す

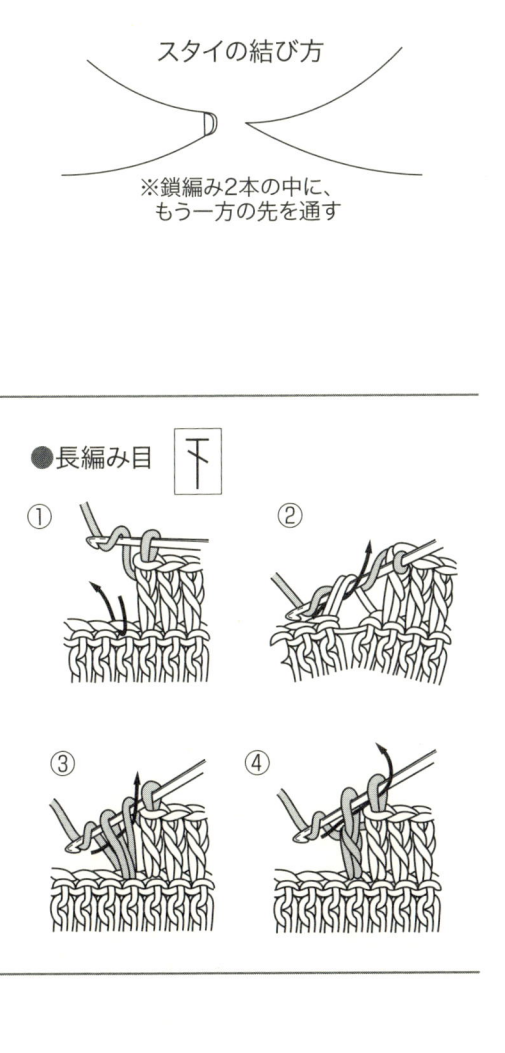

模様編み

- 鎖(8目)
- 糸を切る →78
- →75
- →55
- →50
- 6段くり返して減目
- →45
- →43
- →42
- →40
- →35
- 編み玉つけ位置
- →30
- →25
- →20
- →15
- →10
- →5
- →2
- ←1

●長編み目

① ② ③ ④

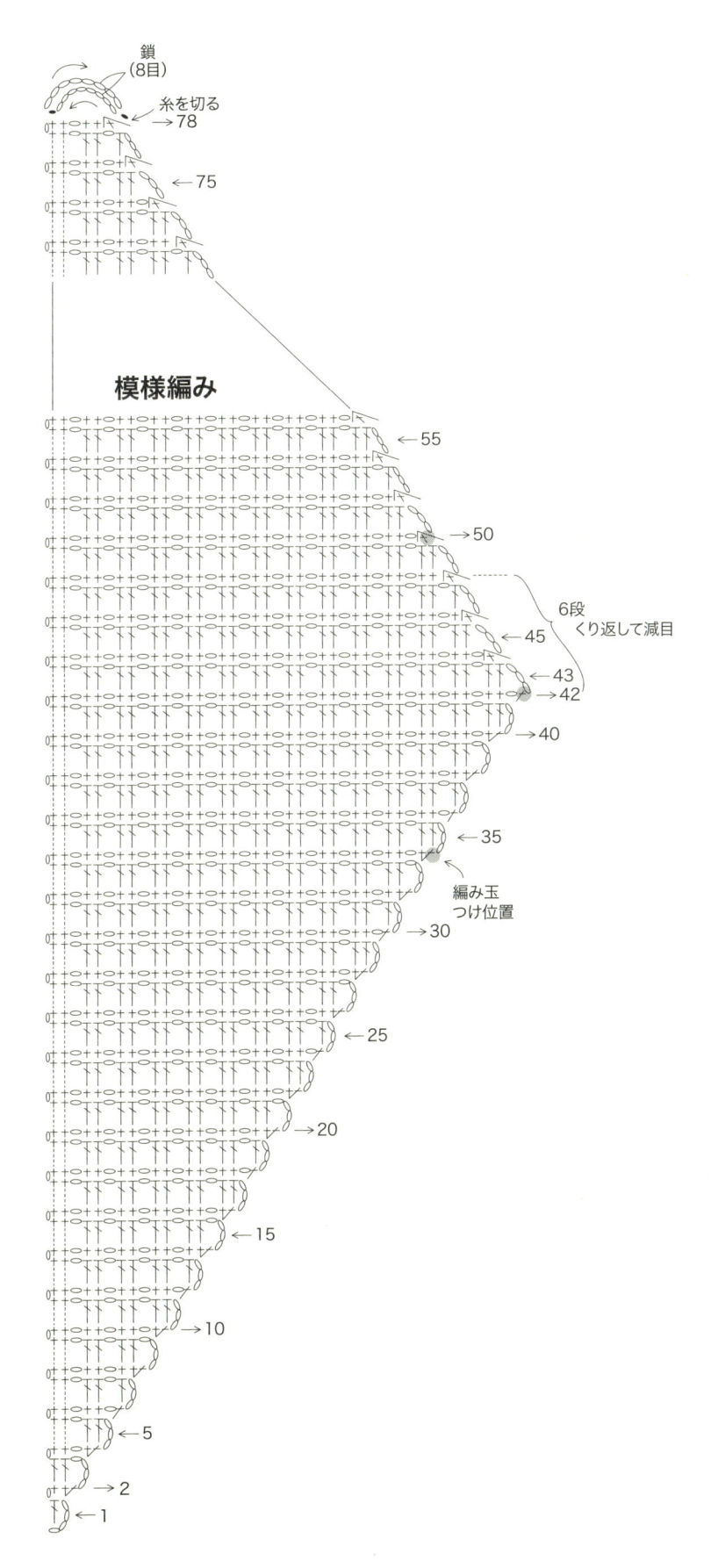

6 page8 3ヵ月〜

●用意するもの
糸…ハマナカ オーガニックウール フィールド（並太タイプ）オフホワイト（1）140g／4玉、ベージュ（2）120g／3玉、茶色（16）40g／1玉。
針…かぎ針6/0号。
●でき上がり寸法
64cm×68cm。
●ゲージ
10cm平方で模様編み 22目×11段。
●編み方ポイント

ベージュで鎖145目作り、鎖2目で立ち上がり、鎖の裏山を拾って中長編みを145目編みます。立ち上がりの鎖2目は145目に入りません。1段めは最終目145目めの中長編みの目を引き出すとき、次の段のオフホワイトの糸を引き出します。2段めはオフホワイトで鎖2目の立ち上がりをし、1段めのベージュの糸を編みくるんでいきます。毎段同様にしてベージュとオフホワイトを交互に編みます。まとめ 編み地の周囲は茶色で引き抜き編みをし、引き抜き編みの外側の目を拾って縁編みを編みます。

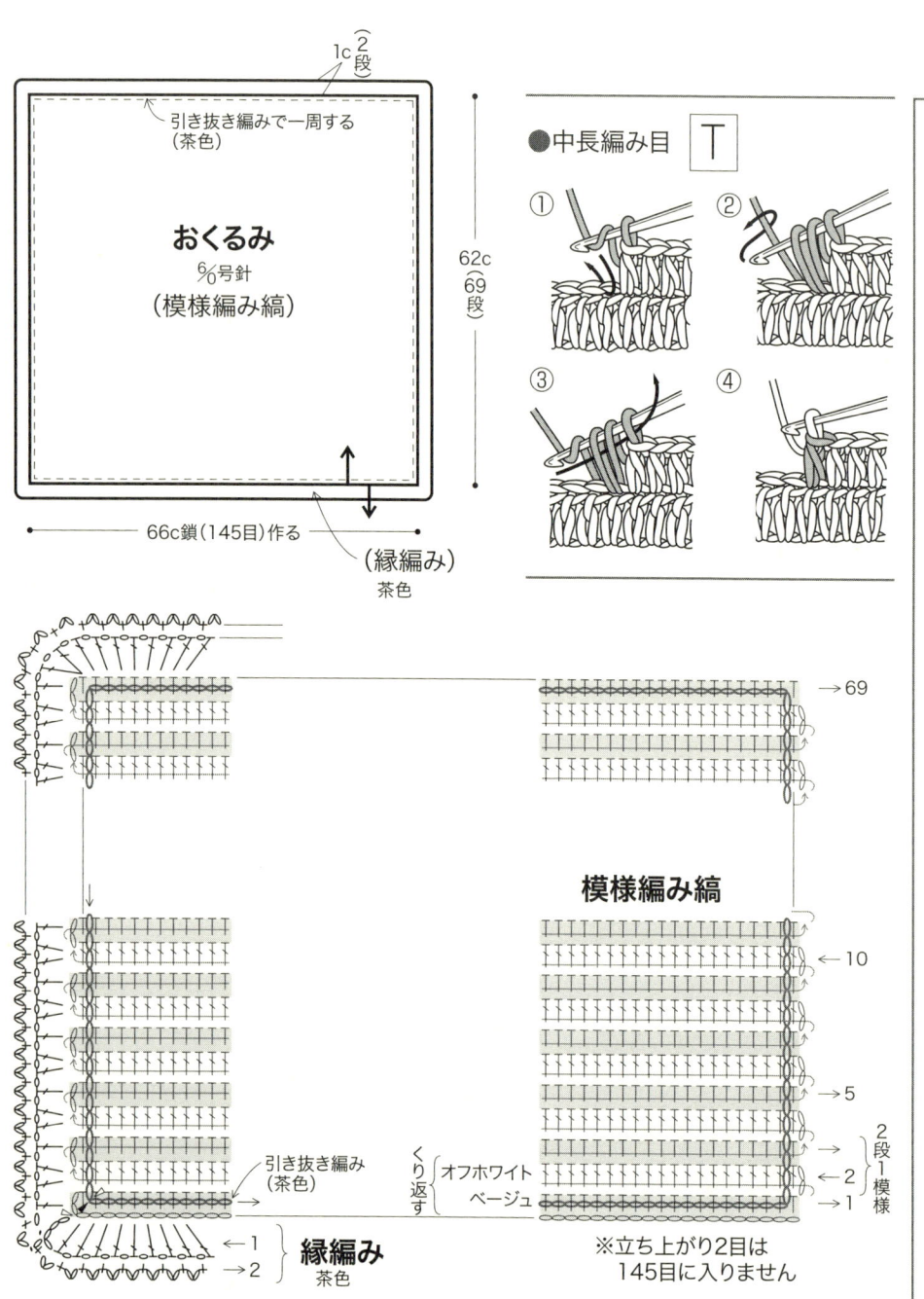

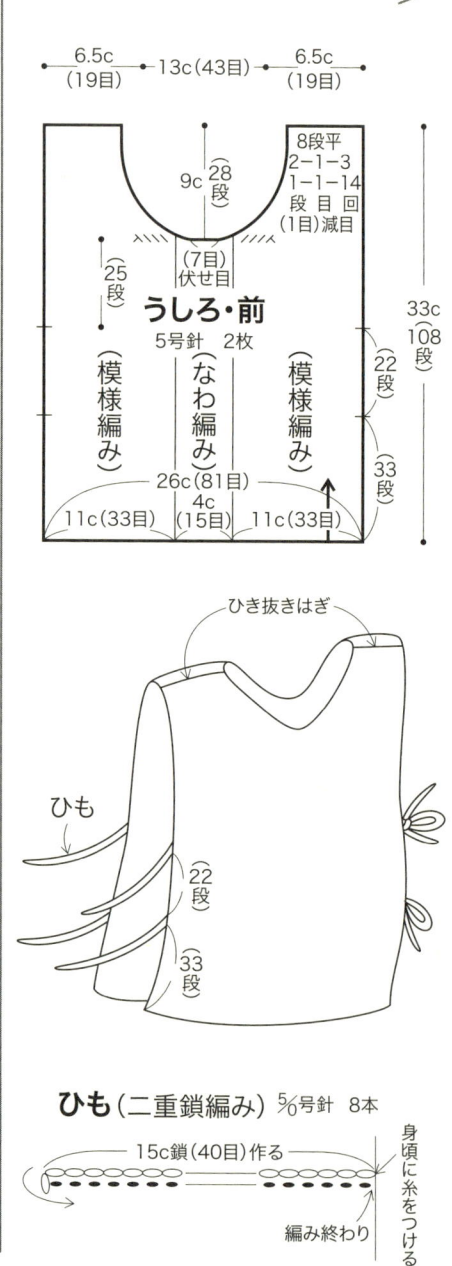

●中長編み目 T

おくるみ
6/0号針
（模様編み縞）
1c（2段）
引き抜き編みで一周する（茶色）
62c 69段
66c鎖（145目）作る
（縁編み）茶色

模様編み縞
引き抜き編み（茶色）
くり返す
オフホワイト
ベージュ
2段1模様
※立ち上がり2目は145目に入りません

縁編み 茶色

うしろ・前
5号針 2枚
（模様編み）（なわ編み）（模様編み）
6.5c（19目） 13c（43目） 6.5c（19目）
9c（28目）
（7目）伏せ目
8段平 2-1-3 1-1-14 段目回 (1目)減目
（25段）
（22段）
（33段）
33c 108段
26c（81目）
11c（33目） 4c（15目） 11c（33目）

ひき抜きはぎ
ひも
（22段）
（33段）

ひも（二重鎖編み）6/0号針 8本
15c鎖（40目）作る
身頃に糸をつける
編み終わり

7
page9
6〜12ヵ月

●用意するもの
糸…ダルマ ひだまりオーガニック（合太タイプ）ミントグリーン（5）100g／4玉。
針…棒針5号、かぎ針5/0号。
●でき上がり寸法
胸囲52cm、背肩幅26cm、丈33cm。
●ゲージ
10cm平方で模様編み 30目×32段。
●編み方ポイント

裾から指でかける作り目をして編み始め、80段まではまっすぐ編み、ひもつけ位置には糸印をつけておきます。次からは糸の続きで右側を先に編み、肩は休み目にしておきます。もう一方は新たに糸をつけ、中央7目を伏せ目し、続けて左側を編みます。まとめ　うしろ・前は同様に編み、2枚の肩を中表に合わせ、引き抜きはぎにします。ひもは指定位置に糸をつけて編みます。

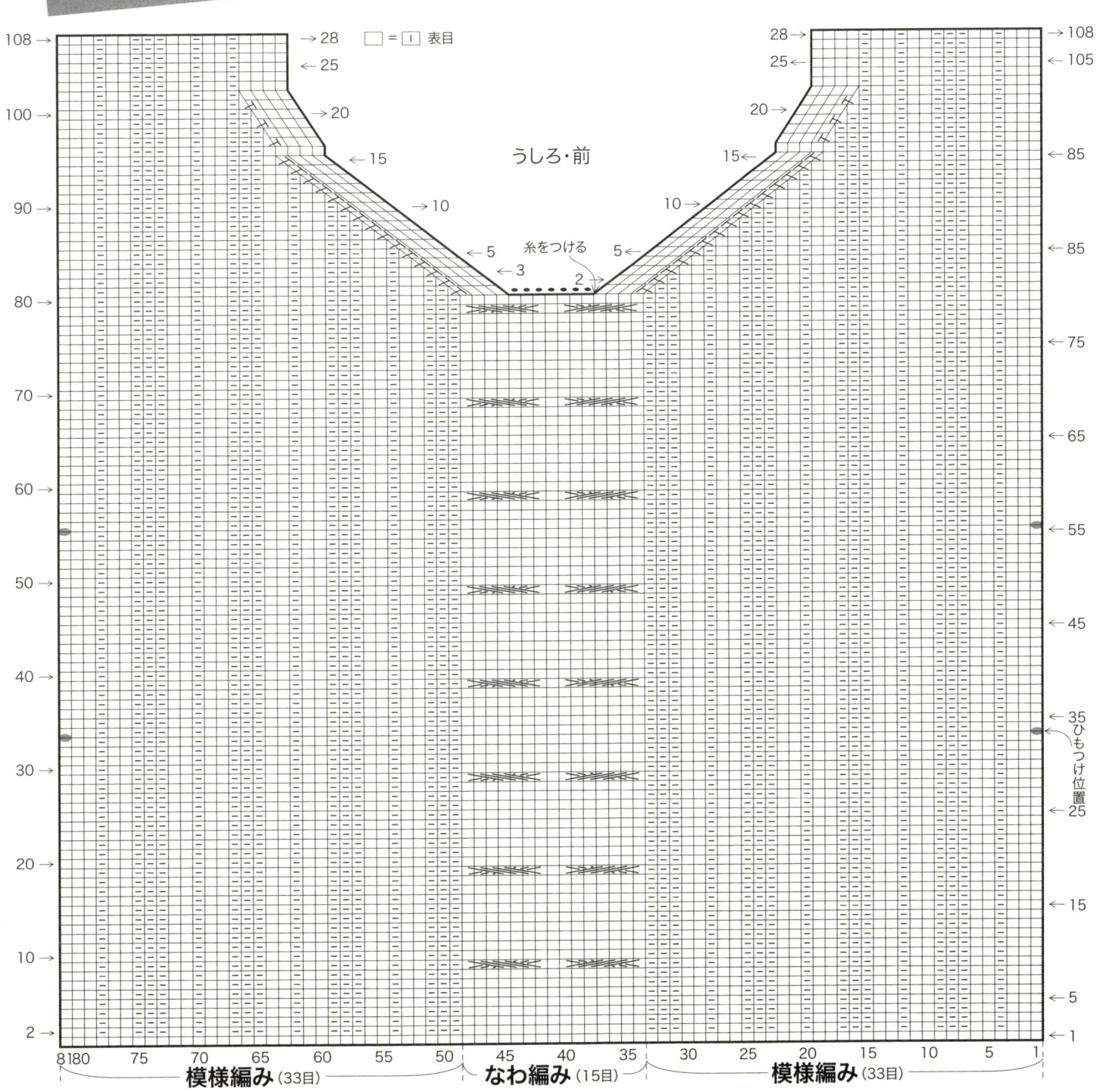

8 page10 6〜12ヵ月

●用意するもの
糸…内藤商事 コットンビオ（並太タイプ）クリーム色（3）300g／6玉。
付属品…幅20mmのトグルボタン6個、直径11.5mmのボタン6個。
針…棒針5号、かぎ針5/0号。

●でき上がり寸法
胸囲66cm、背肩幅22cm、丈45cm、袖丈24cm。

●ゲージ
10cm平方でメリヤス編み22目×30段、模様編みB22目×32.5段。

●編み方ポイント
うしろ・前は裾から指でかける作り目をして編み始めます。袖ぐりは交互に伏せ目をし、肩は休み目にします。前は左右対称に2枚編みます。まとめ　肩は引き抜きはぎにし、フード・袖は身頃から拾って編みます。フードの編み終わりは中央から2本の棒針に分け、中表に合わせて引き抜きはぎにし、脇・袖下はすくいとじにし、脇にひもをつけ、裾の指定位置にボタンを6個つけます。カバー　同要領の作り目でまっすぐ編み、編み終わりは引き抜き止めをしながらボタンループを作り、ひもをつけます。

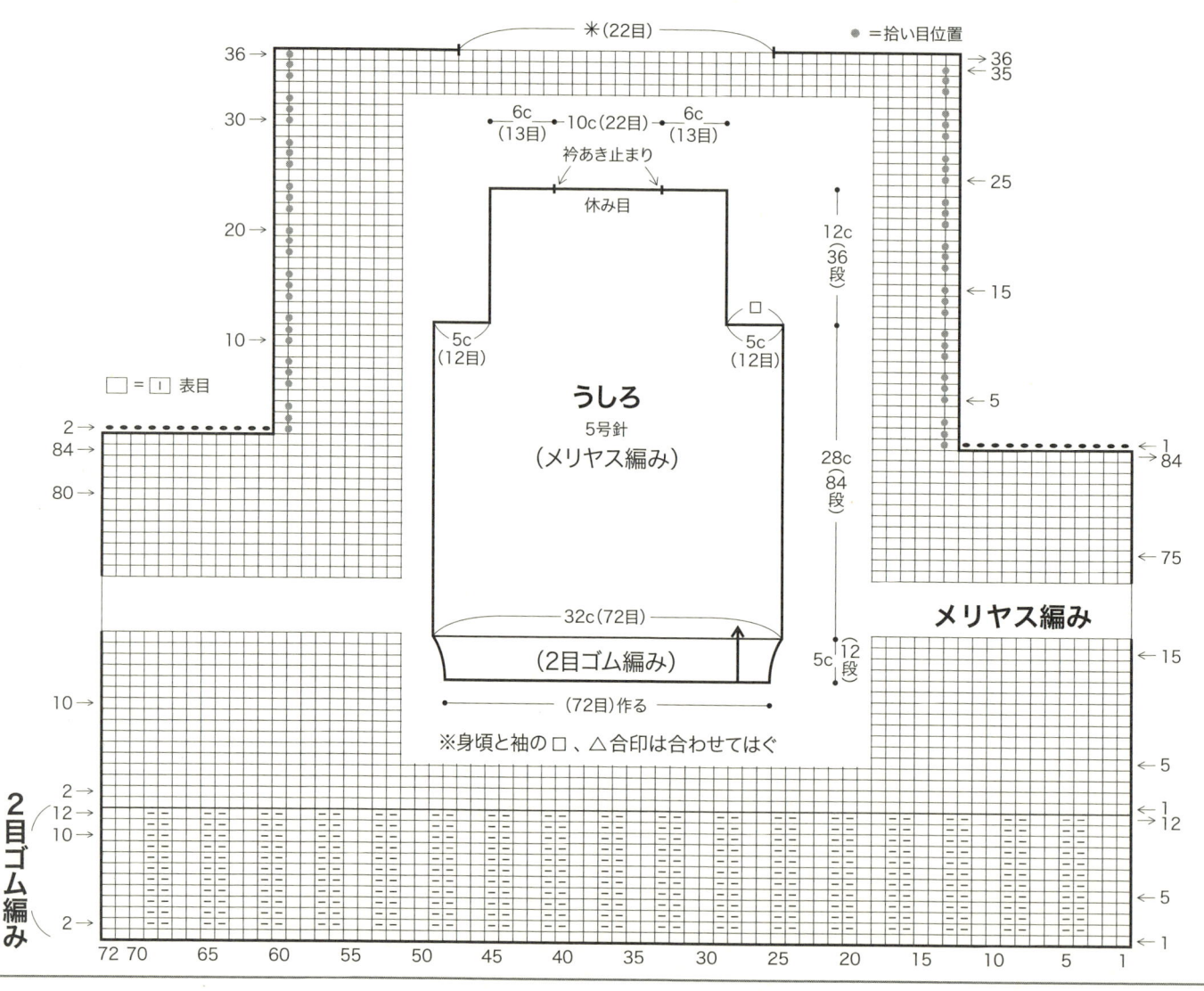

●表目2目・裏1目の右上交差
※左上交差は88ページ

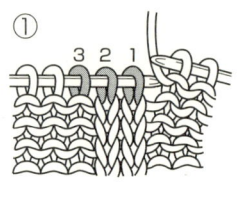

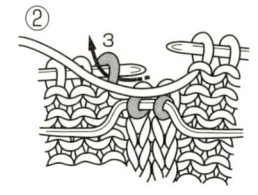

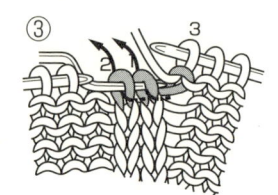

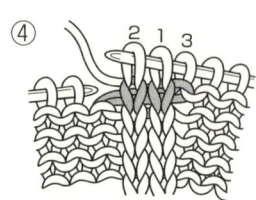

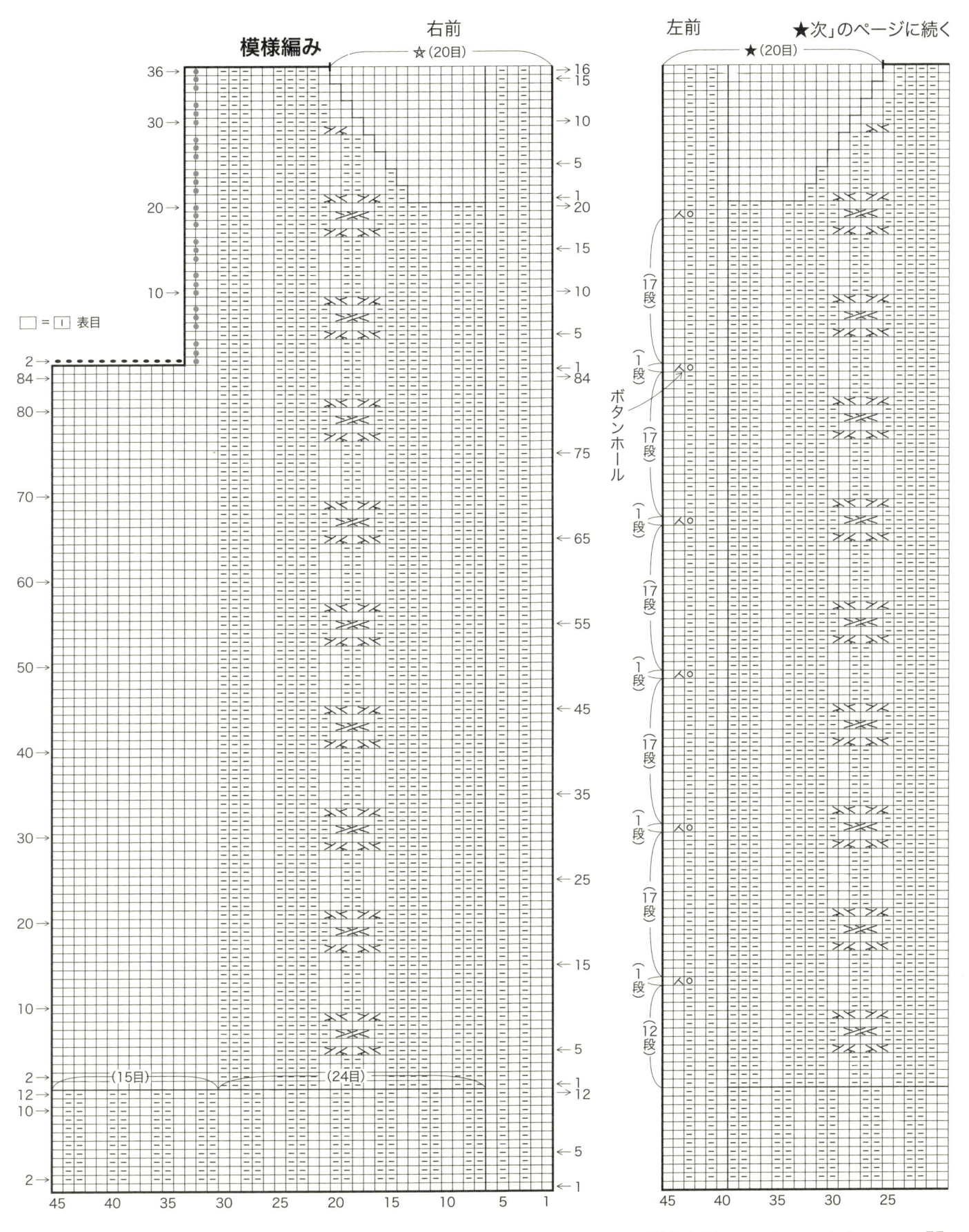

模様編み 右前 ☆(20目) 左前 ★「次」のページに続く

□ = □ 表目

ボタンホール

★前ページからの続き

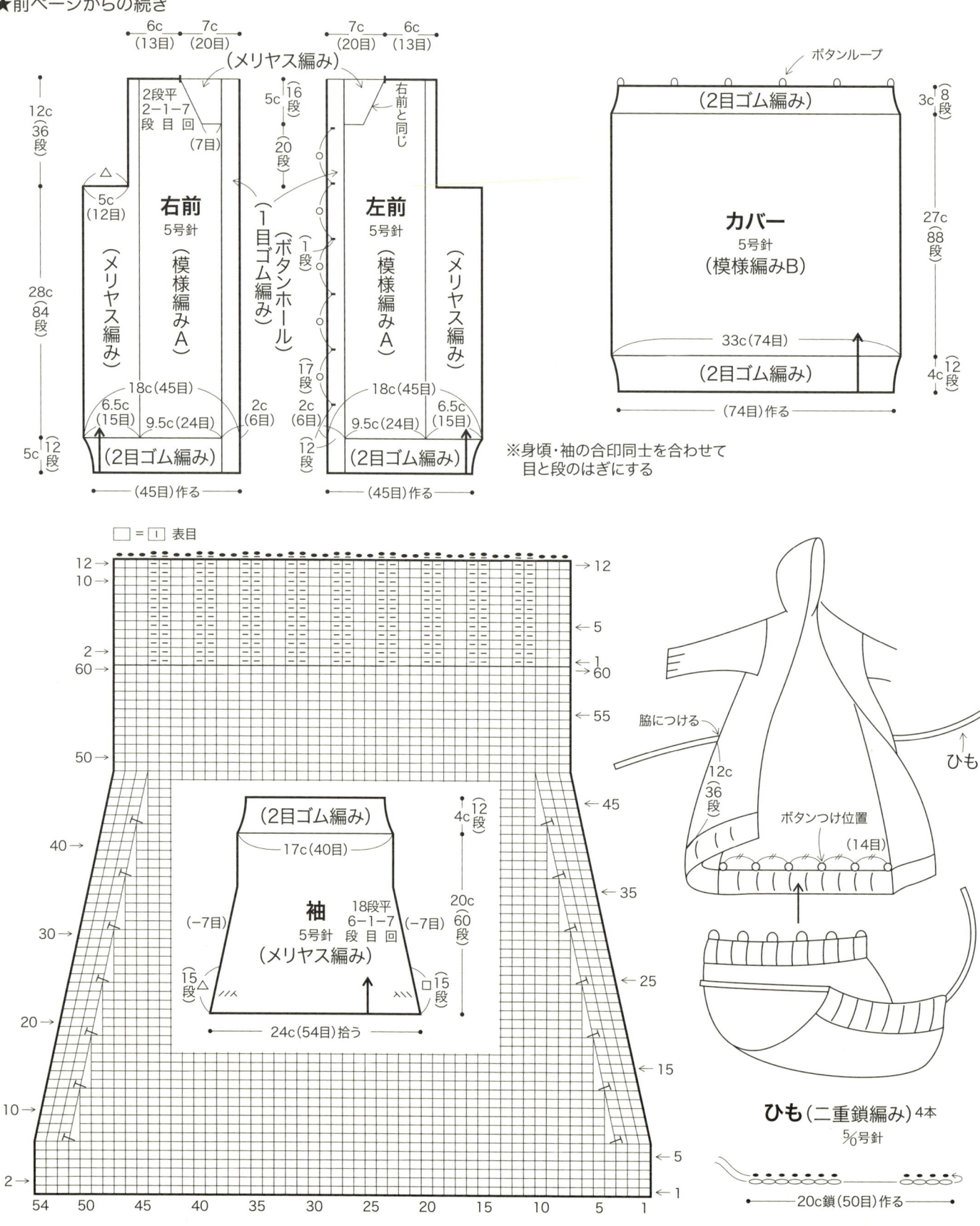

右前 5号針 (模様編みA)
左前 5号針 (模様編みA)
(メリヤス編み)
(1目ゴム編み)(ボタンホール)
(2目ゴム編み)

6c(13目) 7c(20目) 7c(20目) 6c(13目)
(メリヤス編み)
2段平 2-1-7 段目回 (7目)
5c 16段
5c(12目)
12c(36段)
28c(84段)
18c(45目)
9.5c(24目)
2c(6目)
6.5c(15目)
5c(12目)
(45目)作る

右前と同じ
20段
(1段)
(17段)
2c(6目)
12段

カバー 5号針 (模様編みB)
ボタンループ
(2目ゴム編み)
3c(8段)
27c(88段)
4c(12段)
33c(74目)
(2目ゴム編み)
(74目)作る

※身頃・袖の合印同士を合わせて目と段のはぎにする

□ = | 表目

袖 5号針 (メリヤス編み)
(2目ゴム編み)
17c(40目)
4c(12段)
20c(60段)
18段平 6-1-7 段目回
(-7目) (-7目)
24c(54目)拾う
15段 15段

脇につける
12c 36段
ボタンつけ位置
(14目)
ひも

ひも(二重鎖編み)4本
5/6号針
20c鎖(50目)作る

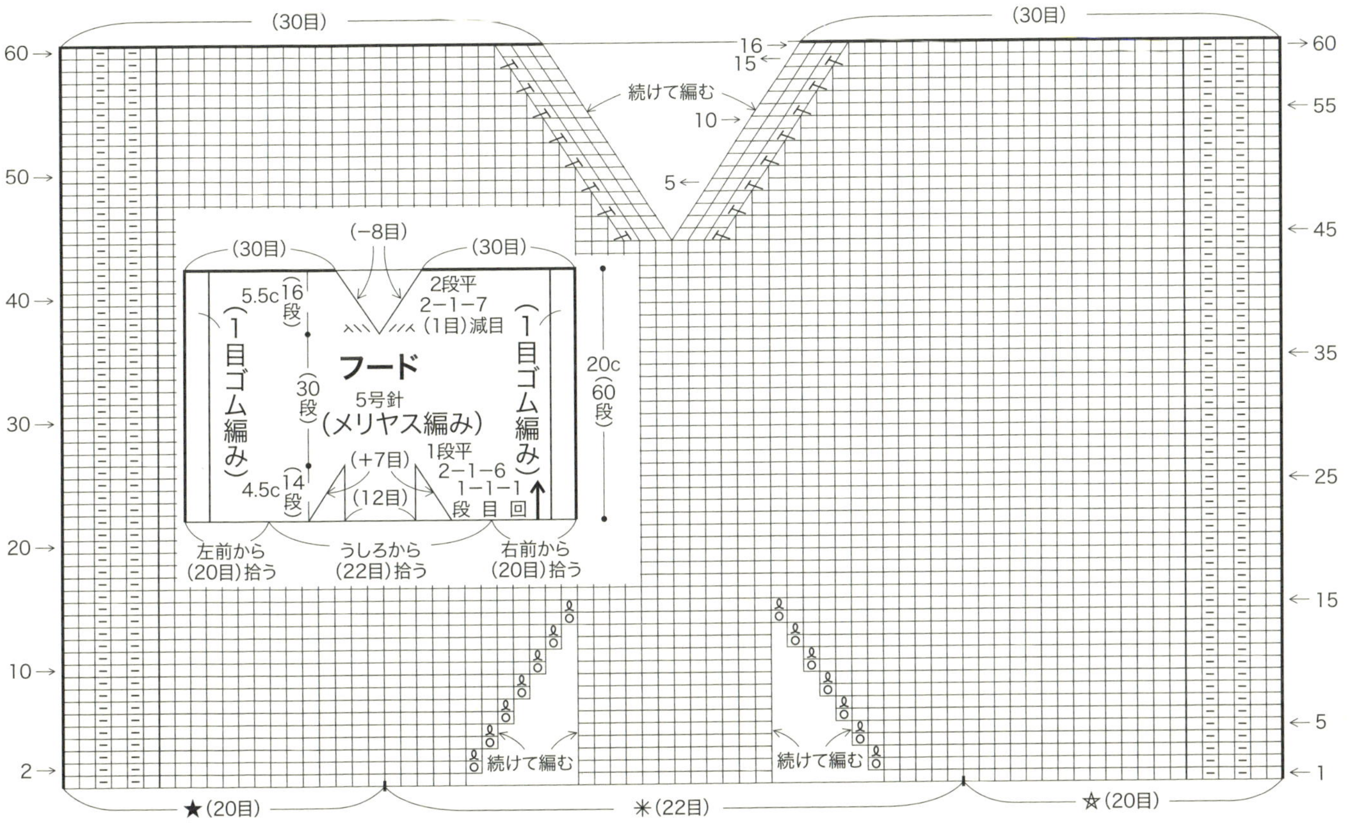

(30目)
(30目)
16
15
続けて編む
10
5
(−8目)
(30目)
(30目)
5.5c
16段
2段平
2−1−7
(1目)減目
(1目ゴム編み)
フード
5号針
(メリヤス編み)
30段
20c
60段
(+7目)
1段平
2−1−6
1−1−1
段 目 回
4.5c
14段
(12目)
左前から
(20目)拾う
うしろから
(22目)拾う
右前から
(20目)拾う
続けて編む
続けて編む
★(20目)
✳(22目)
☆(20目)

□ = | 表目

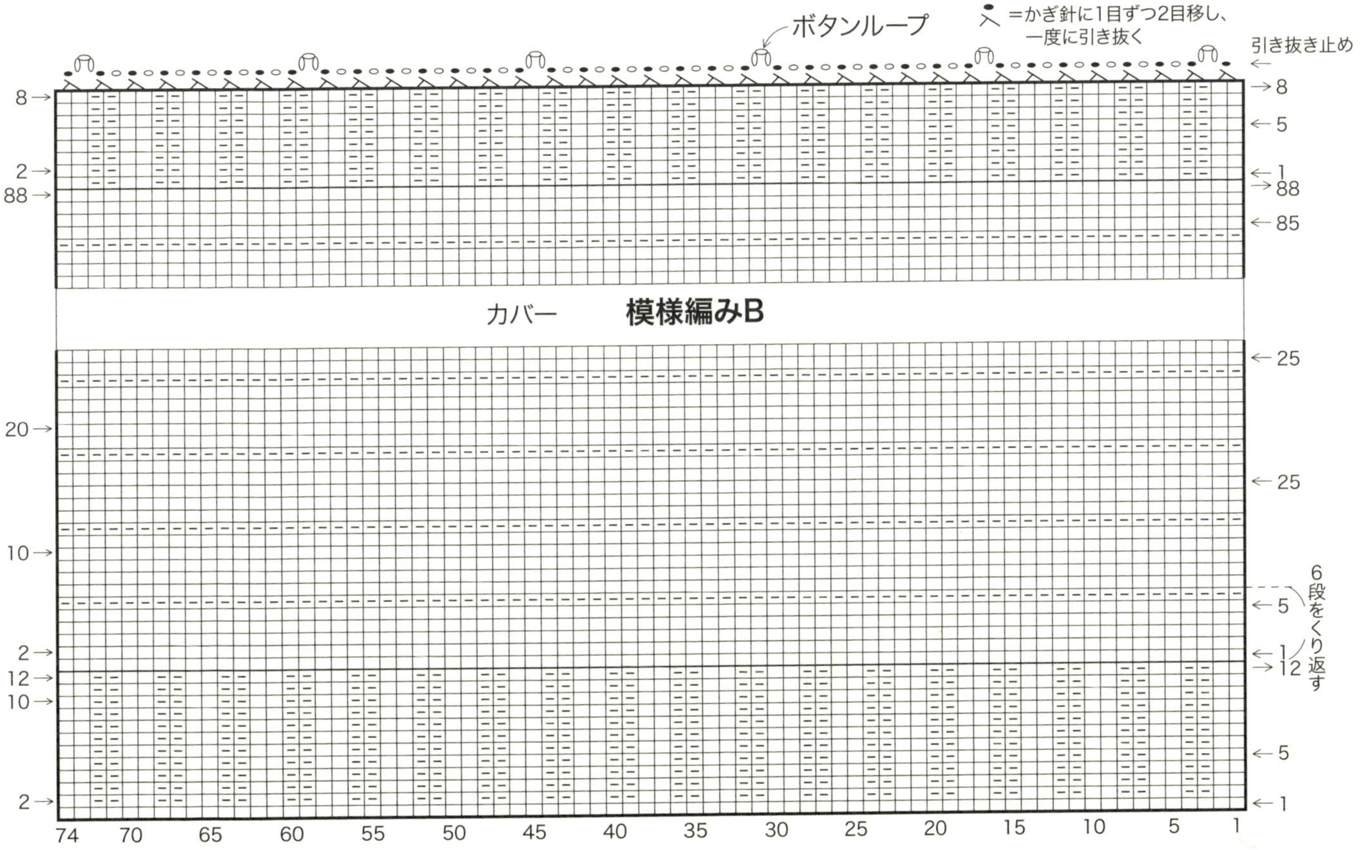

ボタンループ
=かぎ針に1目ずつ2目移し、
一度に引き抜く
引き抜き止め
カバー
模様編みB
6段をくり返す

9
page12
6〜18ヵ月

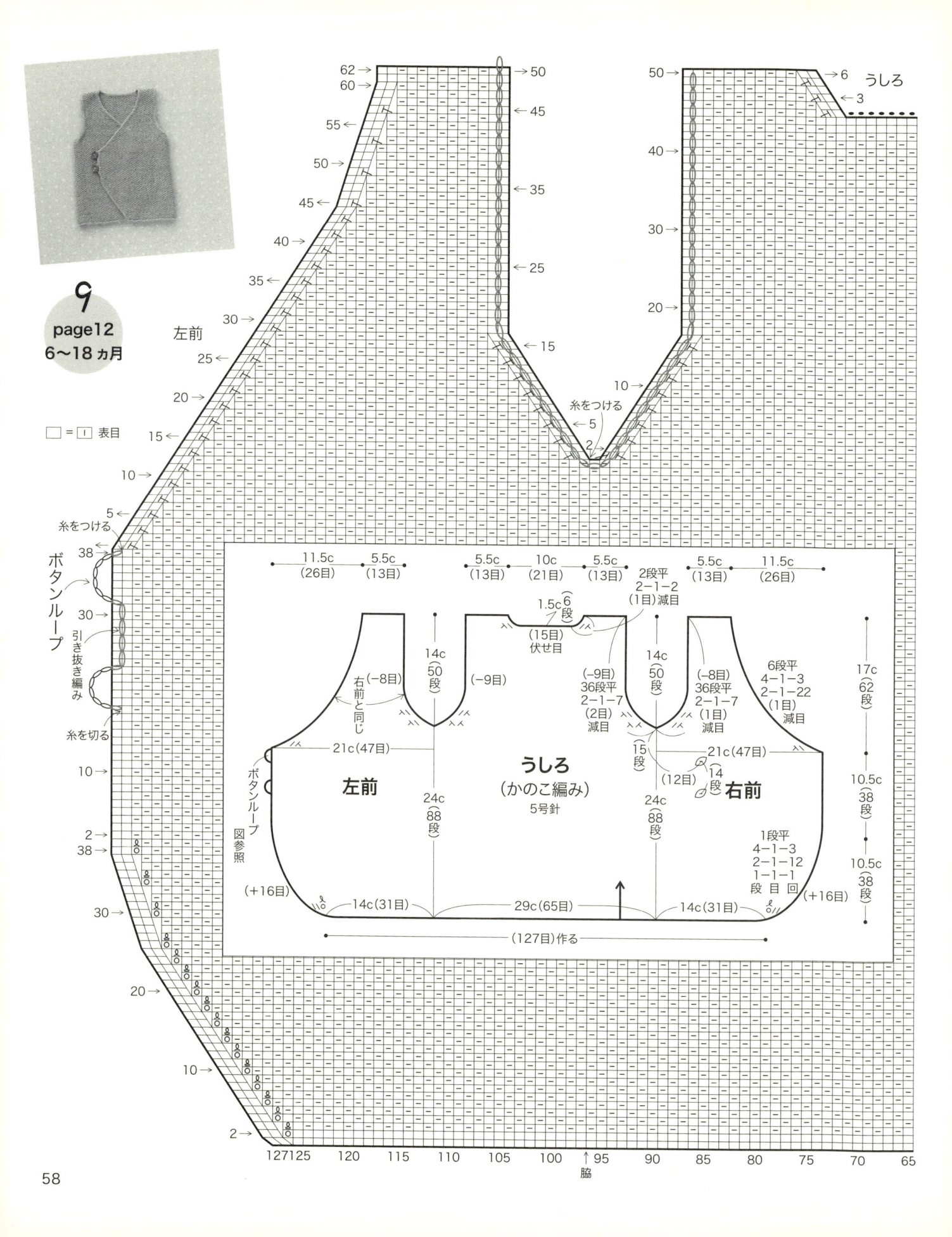

□ = ﹇ 表目

左前

62 / 60 ←
55 ←
50 ←
45 ←
40 →
35 ←
30 →
25 →
20 →
15 →
10 →
5 →
糸をつける
38
ボタンループ
30 →
引き抜き編み
糸を切る
2
38
30 →
20 →
10 →
2

→ 50
← 45
← 35
← 25
← 15
← 10
← 5
2

うしろ

50 ← / ← 6
← 3
45
40
35
30
25
20
15
10
5
2

17c (62段)
10.5c (38段)
10.5c (38段)
6段平 4-1-3 2-1-22 (1目) 減目
1段平 4-1-3 2-1-12 1-1-1 段目回 (+16目)

11.5c (26目) / 5.5c (13目) / 5.5c (13目) / 10c (21目) / 5.5c (13目) / 2段平 2-1-2 (1目) 減目 / 5.5c (13目) / 11.5c (26目)

1.5c (15目) 伏せ目 6段

左前
右前と同じ
21c (47目)
14c (50段) (-9目)
24c (88段)
ボタンループ図参照
(+16目)
14c (31目)

うしろ (かのこ編み) 5号針
14c (50段)
24c (88段)

右前
(-8目) 36段平 2-1-7 (1目) 減目
21c (47目)
15段
14 (12目)
(-9目) 36段平 2-1-7 (2目) 減目

29c (65目)
14c (31目)
(127目)作る

127 125 120 115 110 105 100 95 90 85 80 75 70 65
脇

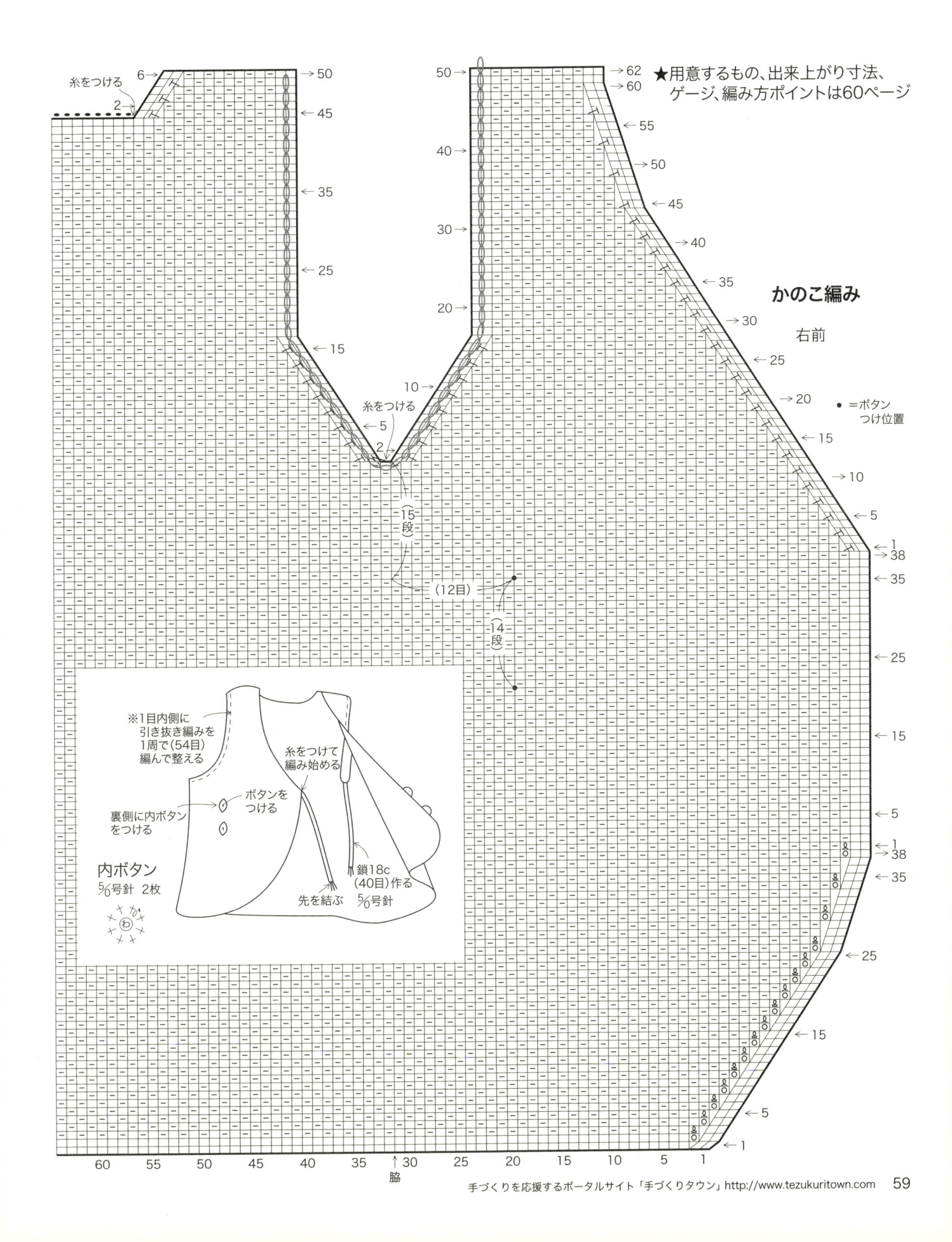

★用意するもの、出来上がり寸法、ゲージ、編み方ポイントは60ページ

かのこ編み
右前

● =ボタンつけ位置

糸をつける

※1目内側に引き抜き編みを1周で(54目)編んで整える
裏側に内ボタンをつける
ボタンをつける
糸をつけて編み始める
鎖18c (40目)作る 5/0号針
先を結ぶ

内ボタン
5/0号針 2枚

手づくりを応援するポータルサイト「手づくりタウン」http://www.tezukuritown.com

10 page13 6・12ヵ月

●用意するもの
糸…ハマナカ 6ヵ月＝ポーム クロシェ《草木染め》（中細タイプ）テラコッタ色（75）20g／1玉、12ヵ月＝ポーム《草木染め》（並太タイプ）ココア色（54）30g／2玉。
付属品…6ヵ月＝直径15mmのボタン2個、12ヵ月＝直径18mmのボタン2個。
針…かぎ針4/0号、5/0号。
●でき上がり寸法
図参照

●編み方ポイント
6ヵ月と12ヵ月は糸の太さをかえて同様に編みます。底で鎖15目作り、鎖の半目と裏山を拾って編みます。反対側は残った目を拾い、ぐるぐる編みます。底が編めましたら糸を切り、側面は指定位置に糸をつけて編みます。甲は別に編み、底・側面と図のように合わせ、細編みで2枚一緒に編み、ボタンループを作ります。

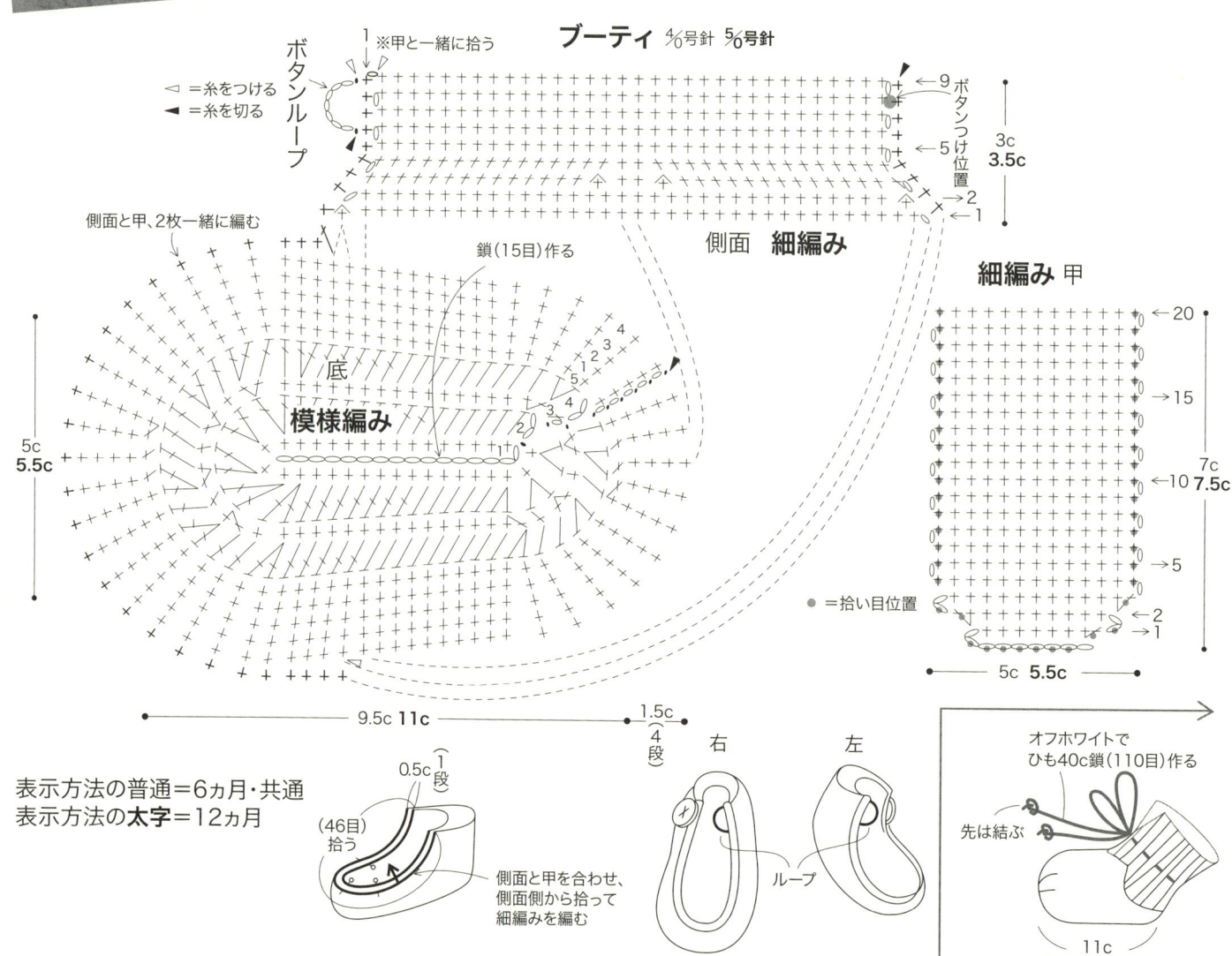

表示方法の普通＝6ヵ月・共通
表示方法の太字＝12ヵ月

---

9 58ページからの続き

●用意するもの
糸…ダルマ カフェベビー オーガニック（合太タイプ）ベージュ（4）130g／6玉。
付属品…20×25mmのボタン2個。
針…棒針5号、かぎ針5/0号。
●でき上がり寸法
胸囲58cm、背肩幅21cm、丈38cm。
●ゲージ
10cm平方でかのこ編み22目×36段。

●編み方ポイント
右前・うしろ・左前は続けて、裾から指でかける作り目をして編み始め、前端は増し目をします。前衿ぐりの減目から12段編みましたら、糸の続きで右前を編み、次にうしろ・左前と各々新たに糸をつけて編みます。まとめ 肩は中表に合わせて引き抜きはぎにし、袖ぐりは1目内側に引き抜き編みをして始末します。左前端にボタンループを作り、ひもを編みます。

11 page13 12ヵ月

●用意するもの
糸…ハマナカ ポーム ベビーカラー（並太タイプ）水色（95）20g／1玉、ポーム《色綿》茶色（33）5g／1玉。
針…かぎ針5/0号。
●でき上がり寸法
図参照
●編み方ポイント
底で鎖15目作り、鎖の半目と裏山を拾って編みます。反対側は残った目を拾い、ぐるぐる模様編みで4段編みます。側面は細編みにし、つま先側、かかと側の指定位置で細編み2目一度の減目をして6段まで編みます。次は茶色にかえ、細編み1目に引き抜き1目、鎖1目をくり返しますが、両脇2ヵ所ずつは細編みをとばして鎖1目にします。ポンポンは茶色で2個作り、つま先側の指定位置につけます。
※2の作品のブーティと同じデザイン

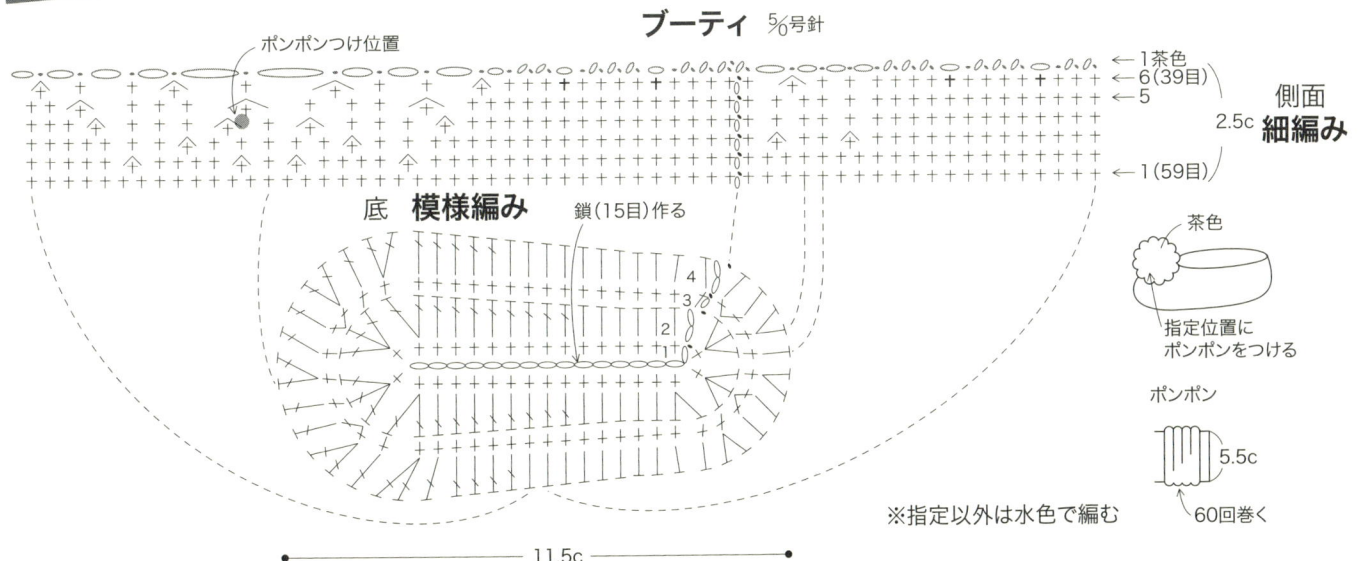

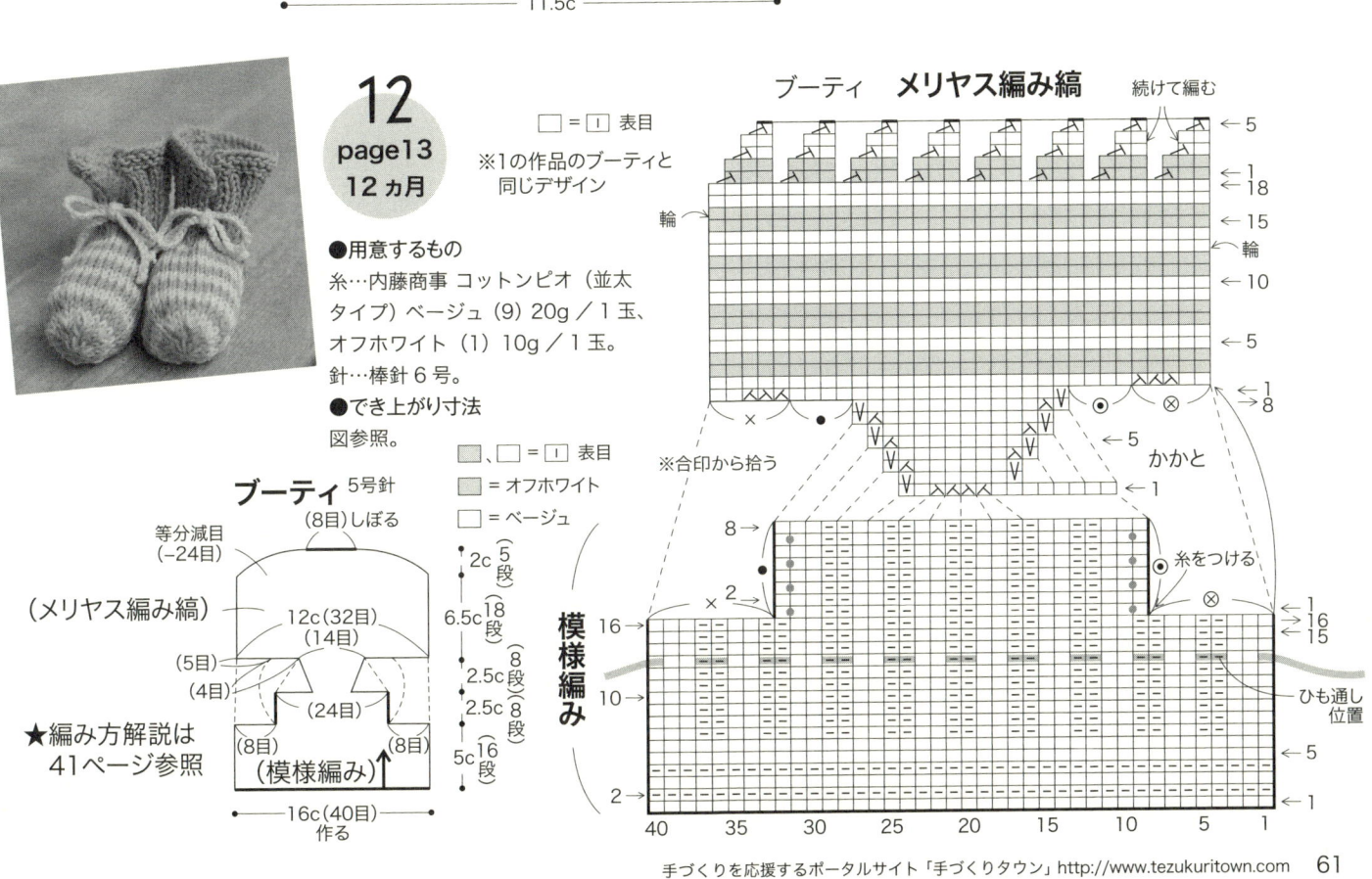

ブーティ 5/0号針

側面 細編み 2.5c

底 模様編み
鎖(15目)作る
11.5c

ポンポン 5.5c 60回巻く
茶色
指定位置にポンポンをつける

※指定以外は水色で編む

12 page13 12ヵ月

※1の作品のブーティと同じデザイン

●用意するもの
糸…内藤商事 コットンピオ（並太タイプ）ベージュ（9）20g／1玉、オフホワイト（1）10g／1玉。
針…棒針6号。
●でき上がり寸法
図参照。

□ = ① 表目

ブーティ 5号針
等分減目（-24目）
（メリヤス編み縞）
(8目)しぼる
12c(32目)
(5目)
(4目)
(24目)
(8目) (8目)
(模様編み)
16c(40目)作る
2c(5段)
6.5c(18段)
2.5c(8段)
2.5c(8段)
5c(16段)

★編み方解説は41ページ参照

■、□ = ① 表目
■ = オフホワイト
□ = ベージュ

ブーティ メリヤス編み縞
続けて編む
模様編み
かかと
糸をつける
ひも通し位置
※合印から拾う

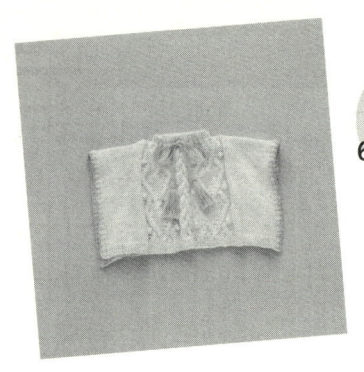

13 page14 6〜12ヵ月

●用意するもの
糸…内藤商事 コットンビオ（並太タイプ）
オフホワイト（1）140g／3玉、からし色（12）10g／1玉。
針…棒針5号、かぎ針5/0号。

●でき上がり寸法
丈22cm、ゆき丈23cm。

●ゲージ
10cm平方でメリヤス編み23目×30段、模様編み28目×30段。

●編み方ポイント
裾から指でかける作り目をして編み始め、配置図を参照して編みます。肩は休み目にし、衿部分は続けて編み、編み終わりは表目は表目に、裏目は裏目に伏せ止めをします。うしろと前は同様に編みます。
まとめ 肩は中表に合わせて引き抜きはぎにします。両端は縁編みで始末し、ひもを通して仕上げます。

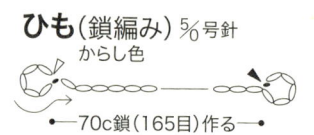

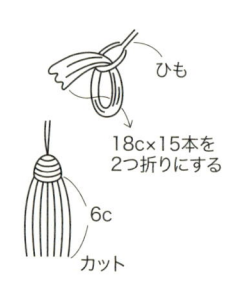

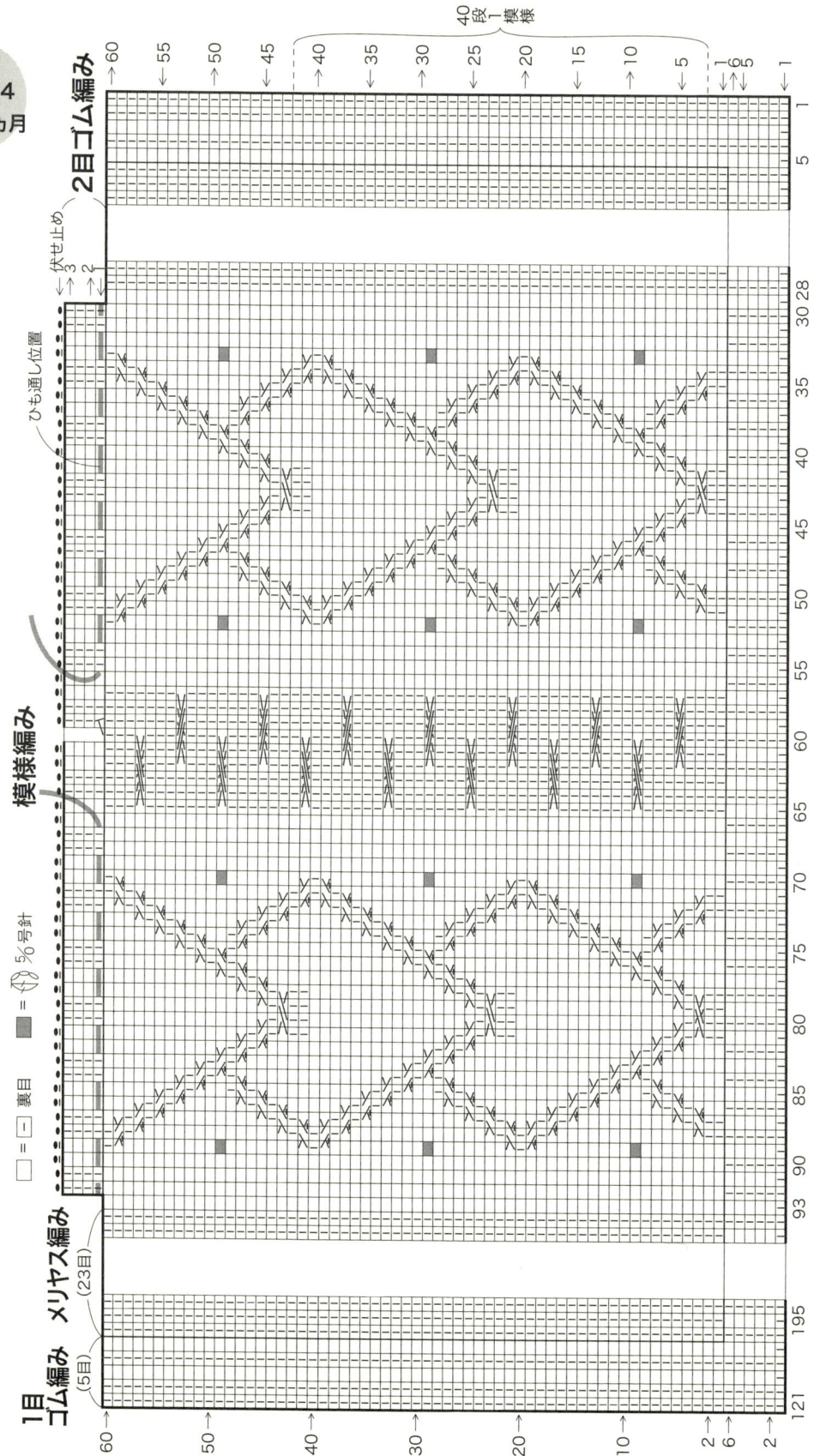

ひも（鎖編み）5/0号針 からし色
←70c鎖（165目）作る→

ひも
18c×15本を2つ折りにする
6c
カット

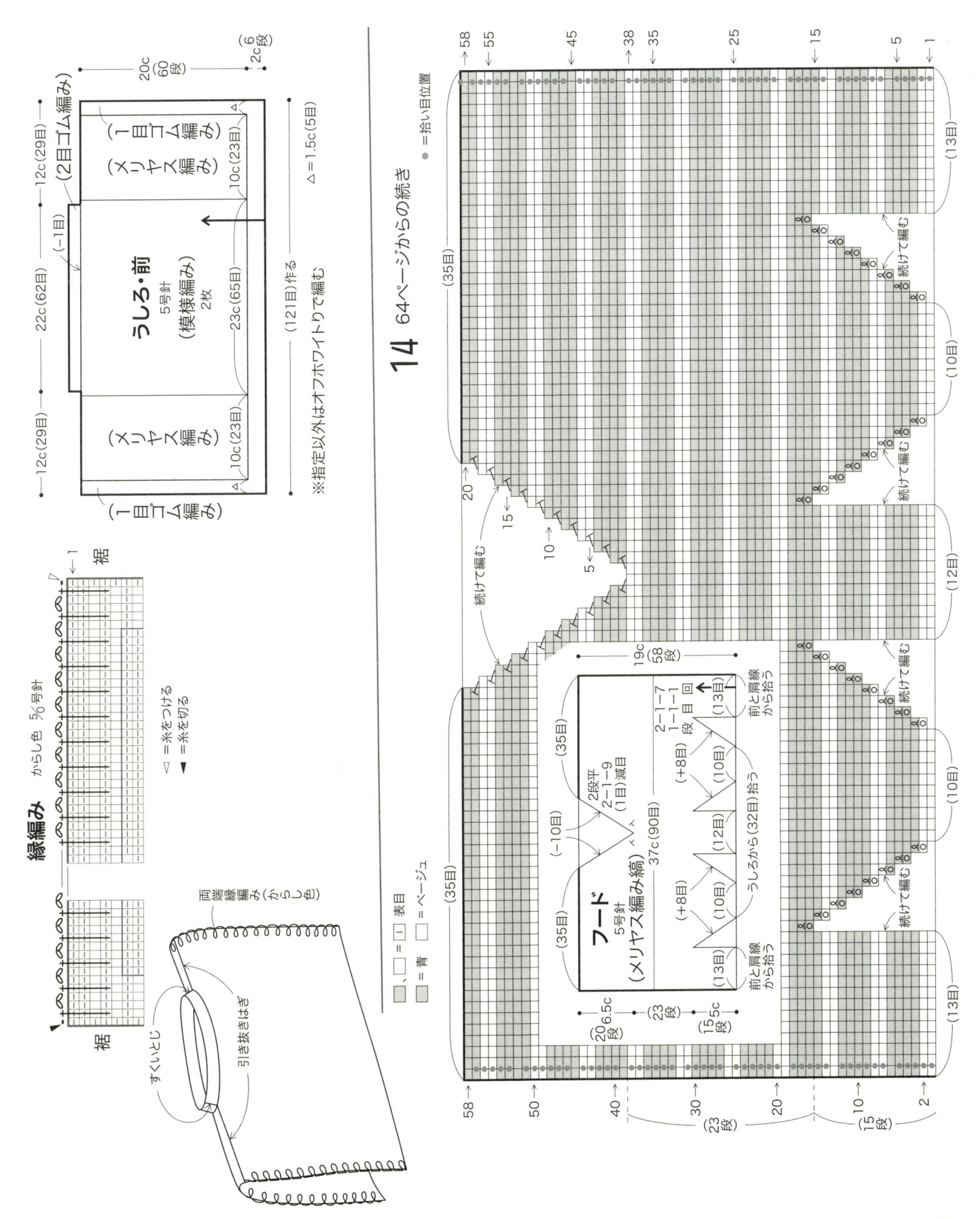

14 64ページからの続き

□ = 表目
■ = 青
□ = ベージュ
● = 拾い目位置

うしろ・前
5号針
(横模様編み)
2枚

- 20c(60段)
- 2c(6段)
- 12c(29段) (1目ゴム編み)
- 22c(62段) (2目ゴム編み)
- 12c(29段) (メリヤス編み) 10c(23段)
- 23c(65目)
- 10c(23目) (メリヤス編み)
- 12c(29目) (1目ゴム編み)
- (-1目)
- (121目)作る
- △ = 1.5c(5目)

※指定以外はオフホワイトで編む

フード
5号針
(メリヤス編み縞)
37c(90目)

- 2段平 2-1-9 (1目)減目
- 2-1-7 1-1-1 (13目) 段目 回
- (+8目) (10目)
- (12目)
- (+8目) (10目)
- (13目) (35目)
- (-10目) (35目)
- 19c(58段)
- 20 6.5c (23段) 15.5c
- うしろから(32目)拾う
- 前と肩線から拾う

縁編み からし色 5/0号針

- 1 裾
- 両端縁編み(からし色)
- すくいとじ
- 引き抜きはぎ

(13目) (10目) (12目) (10目) (13目)
(35目)

続けて編む

1, 2, 5, 10, 15, 20, 25, 30, 40, 50, 58
(15段) (23段)
5, 15, 25, 35, 38, 45, 55, 58

14 page15 6～18ヵ月

●用意するもの
糸…ハマナカ フラックスK（並太タイプ）青(18)100g／4玉、ベージュ(13)90g／4玉。
付属品…直径6mmのスナップ2組。
針…棒針5号、かぎ針5/0号。
●でき上がり寸法
丈30.5cm、ゆき丈30.5cm。
●ゲージ
10cm平方でメリヤス編み縞 24目×30段。
●編み方ポイント

裾から指でかける作り目で50目作り、2段目からは中央48目の両脇の指定位置でかけ目、次段でねじ目をくり返して増し目していきます。うしろはそのまま82段まで編みます。前は54段まで編みましたら、左右に分けて編みます。まとめ　肩部分は中表に合わせて引き抜きはぎにし、フードは身頃から拾って編み、編み終わりは2本の棒針に移して中表に合わせ、肩と同要領ではぎます。前あき・フード顔回り、裾・袖口は拾い目して編み、仕上げます。

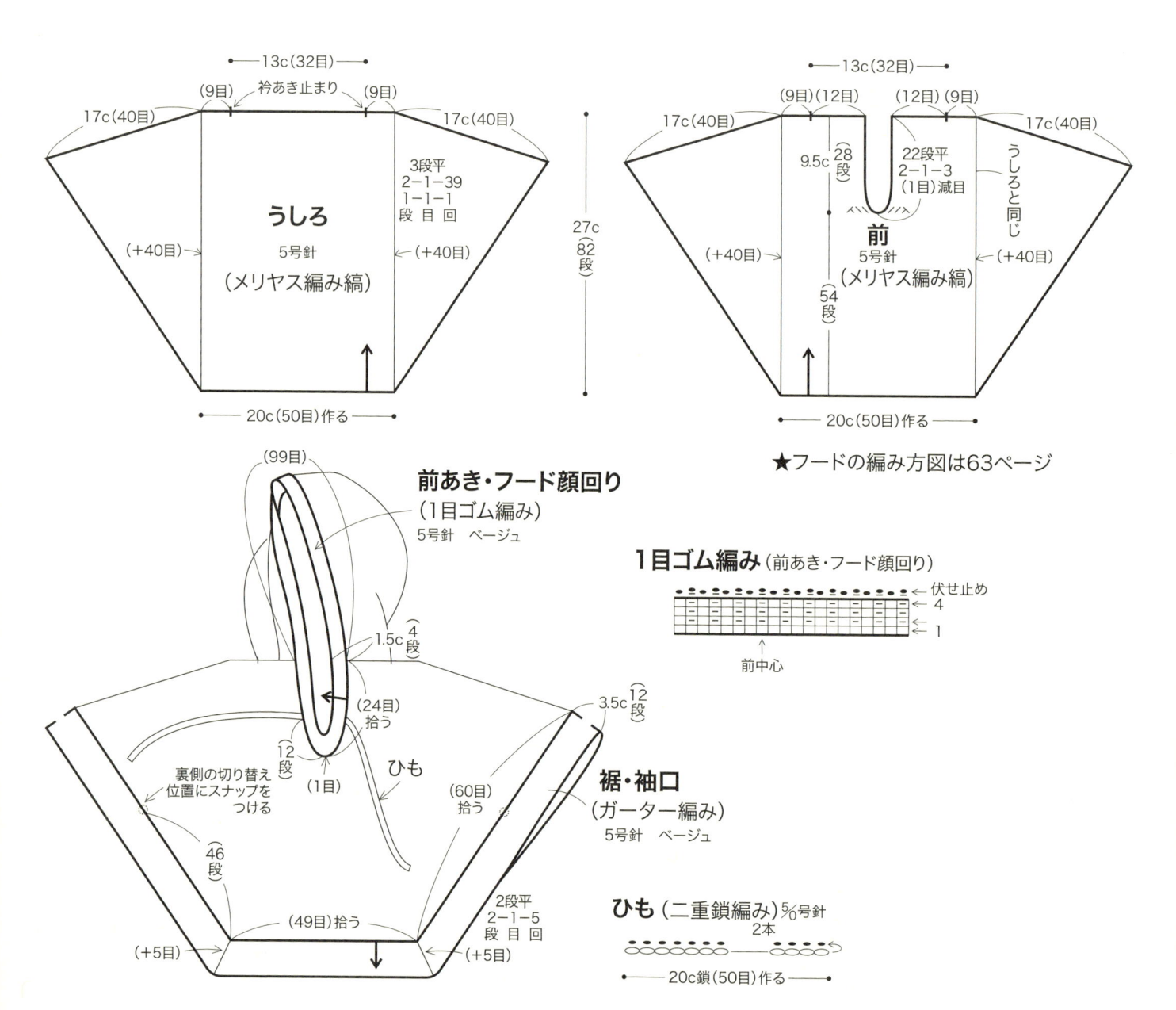

★フードの編み方図は63ページ

前あき・フード顔回り（1目ゴム編み）5号針　ベージュ

1目ゴム編み（前あき・フード顔回り）

裾・袖口（ガーター編み）5号針　ベージュ

ひも（二重鎖編み）5/0号針　2本
20c鎖(50目)作る

裏側の切り替え位置にスナップをつける

□ = 「 」= 表目　□ =ベージュ
□ = 青

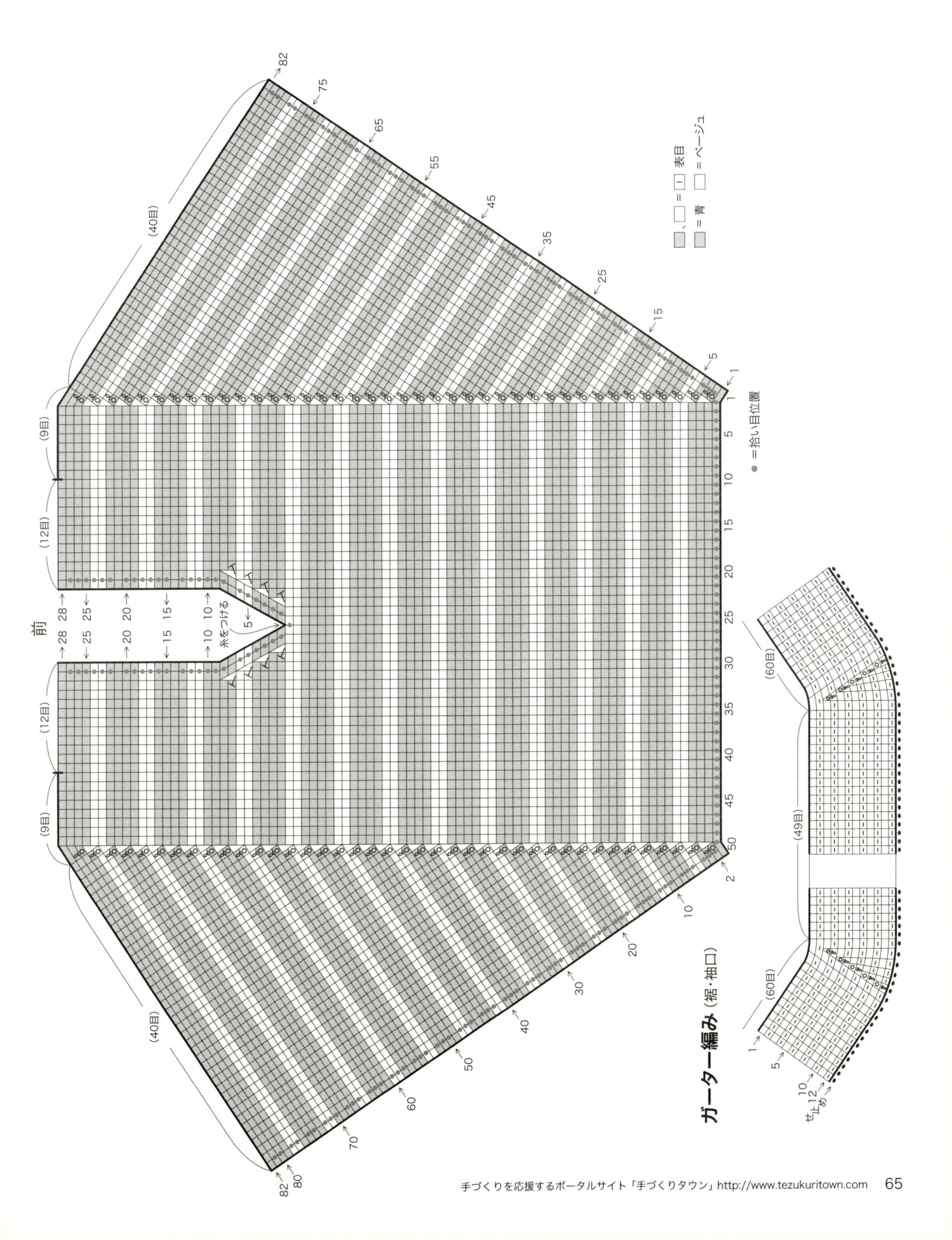

● = 拾い目位置

前

糸をつける

ガーター編み（裾・袖口）

手づくりを応援するポータルサイト「手づくりタウン」 http://www.tezukuritown.com

15, 16
page 16, 17
6・18ヵ月

●用意するもの
糸…ハマナカ フラックスK（並太タイプ）6ヵ月＝インディゴブルー（16）110g／5玉、白（11）20g／1玉、18ヵ月＝灰味茶（14）140g／6玉、白（11）25g／1玉。
付属品…直径15mmのボタン各4個、6mmのスナップボタン各5組。
針…棒針5号、かぎ針5/0号。

●でき上がり寸法
6ヵ月＝胸囲50cm、丈36.5cm、ゆき丈12.5cm。
18ヵ月＝胸囲54cm、丈42cm、ゆき丈13.5cm。

●ゲージ
10cm平方でメリヤス編み24目×30段。

●編み方ポイント
パンツの裾から指でかける作り目をして編み始めます。うしろは指定位置で減目をして続けて編み、前は左右は続けて先に編み、右前は中央15目は左右と同じ目を拾って編みます。まとめ　肩は引き抜きはぎ、脇はすくいとじにします。股下部分は脇を続けて拾って編み、股下の始末をします。セーラーカラー、ポケットは別に編み、セーラーカラーは衿ぐりにかがりつけ、ポケットは指定位置にまつりつけます。

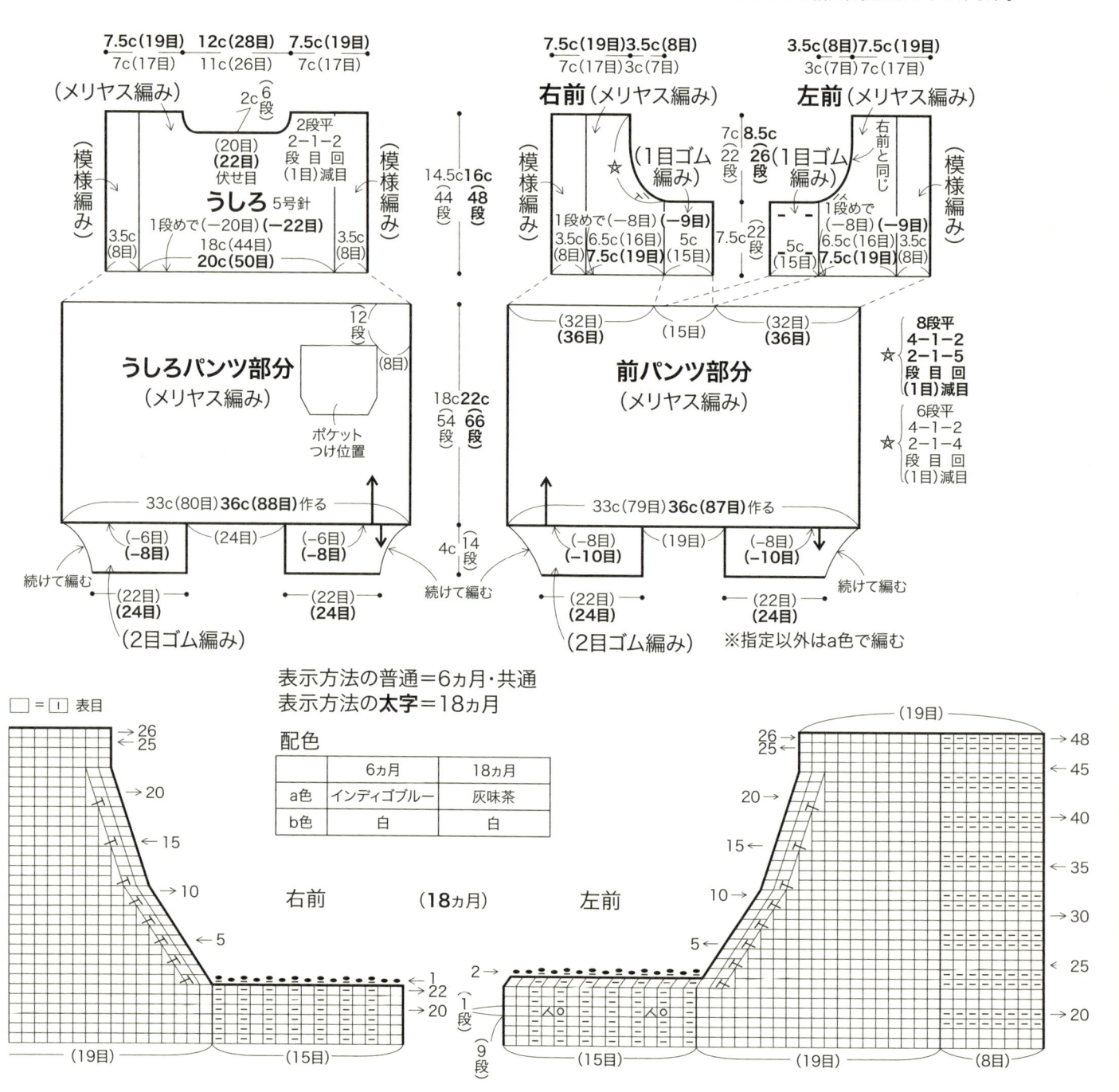

配色

	6ヵ月	18ヵ月
a色	インディゴブルー	灰味茶
b色	白	白

表示方法の普通＝6ヵ月・共通
表示方法の太字＝18ヵ月

□ = | 表目

★次のページに続く

うしろ (**18**ヵ月)

糸をつける

□ = ① 表目

うしろ (**6**ヵ月)

糸をつける

メリヤス編み　模様編み

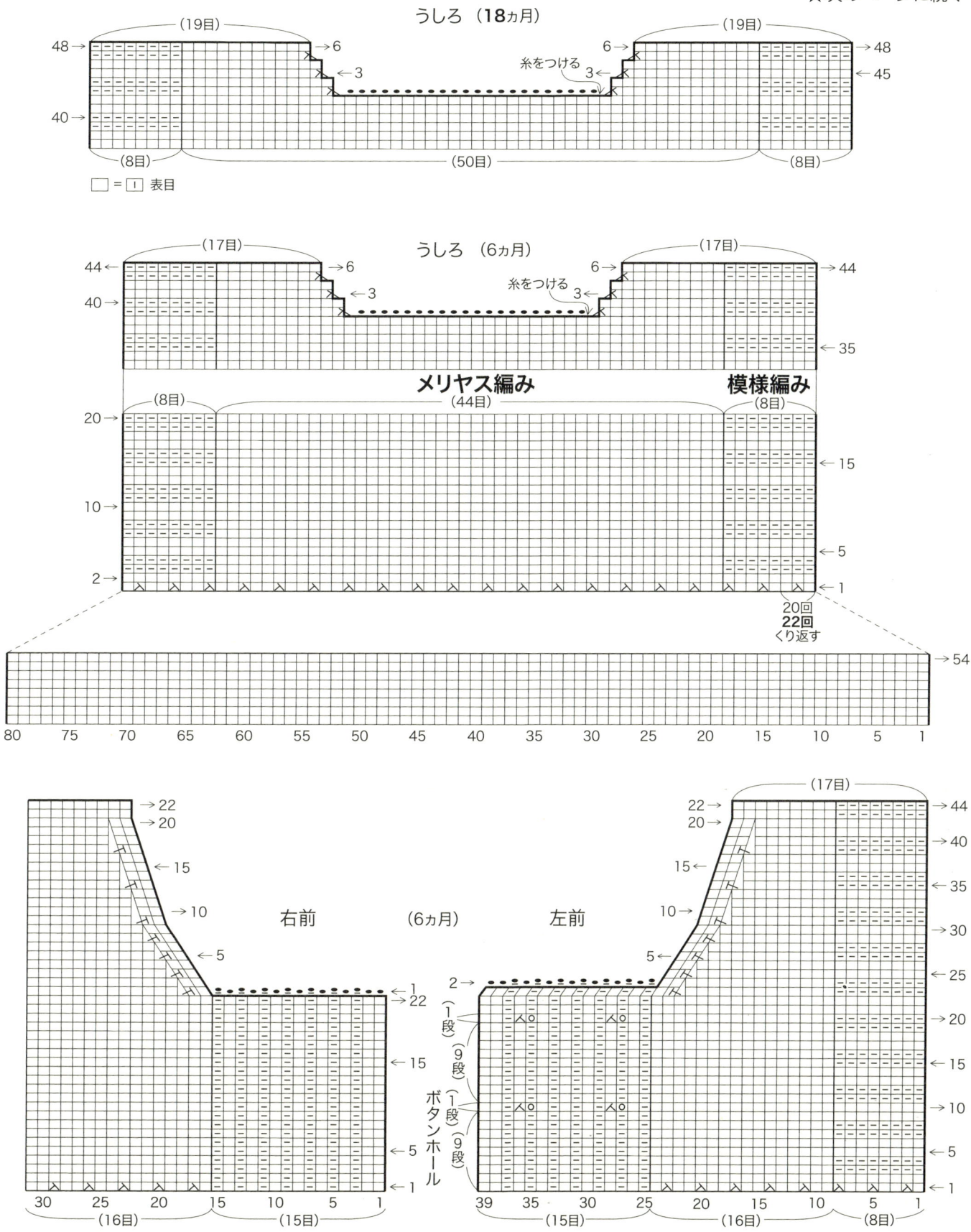

20回
22回
くり返す

右前　(**6**ヵ月)　左前

(1段)
(9段)
(1段)
(9段)
ボタンホール

手づくりを応援するポータルサイト「手づくりタウン」http://www.tezukuritown.com

★前ページからの続き

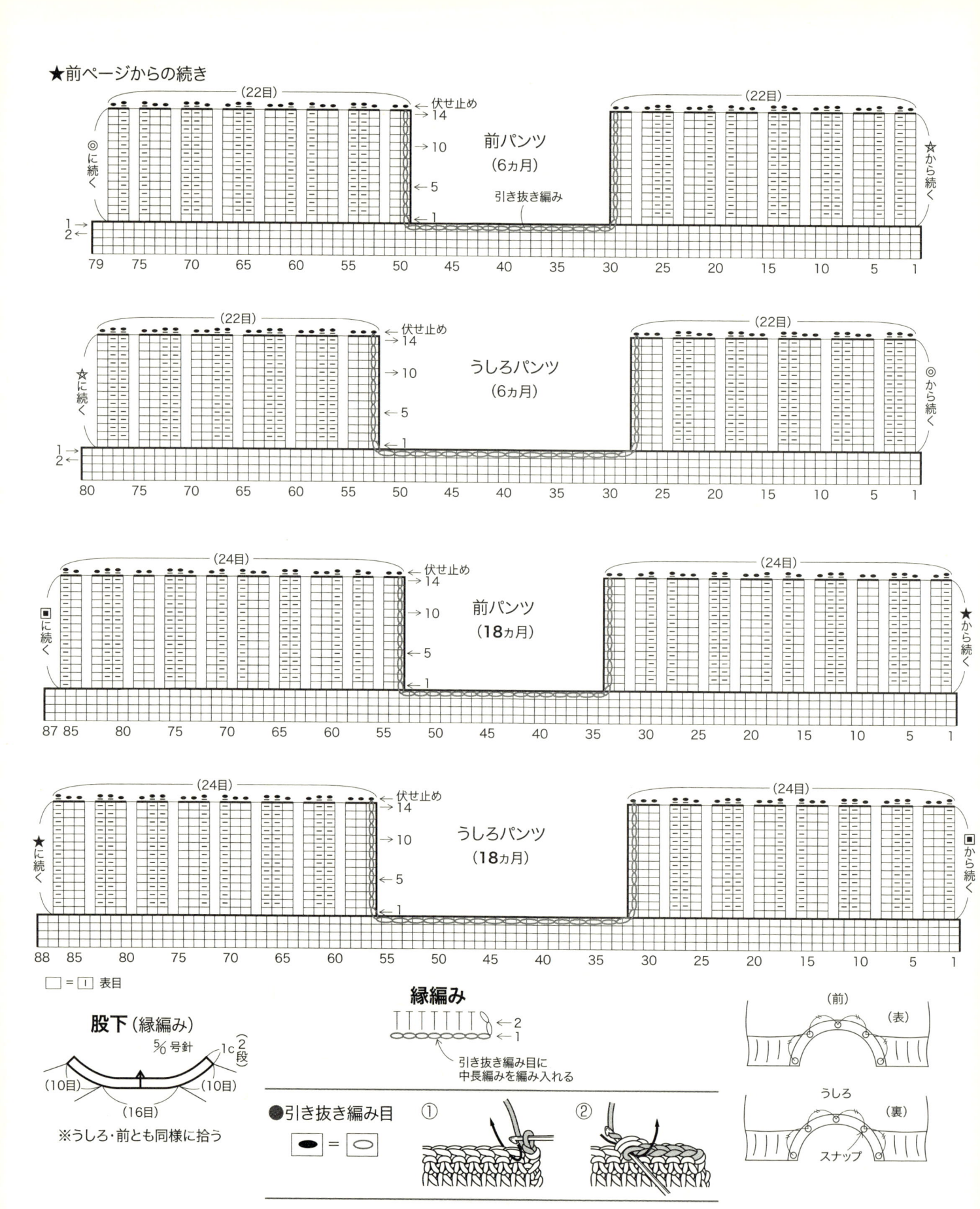

前パンツ（6ヵ月）
伏せ止め
引き抜き編み

うしろパンツ（6ヵ月）

前パンツ（18ヵ月）

うしろパンツ（18ヵ月）

□ = |￣| 表目

縁編み

引き抜き編み目に中長編みを編み入れる

股下（縁編み）
5/0号針
(10目) (16目) (10目)
1c 2段
※うしろ・前とも同様に拾う

● 引き抜き編み目
■ = ○

（前）（表）
うしろ（裏）
スナップ

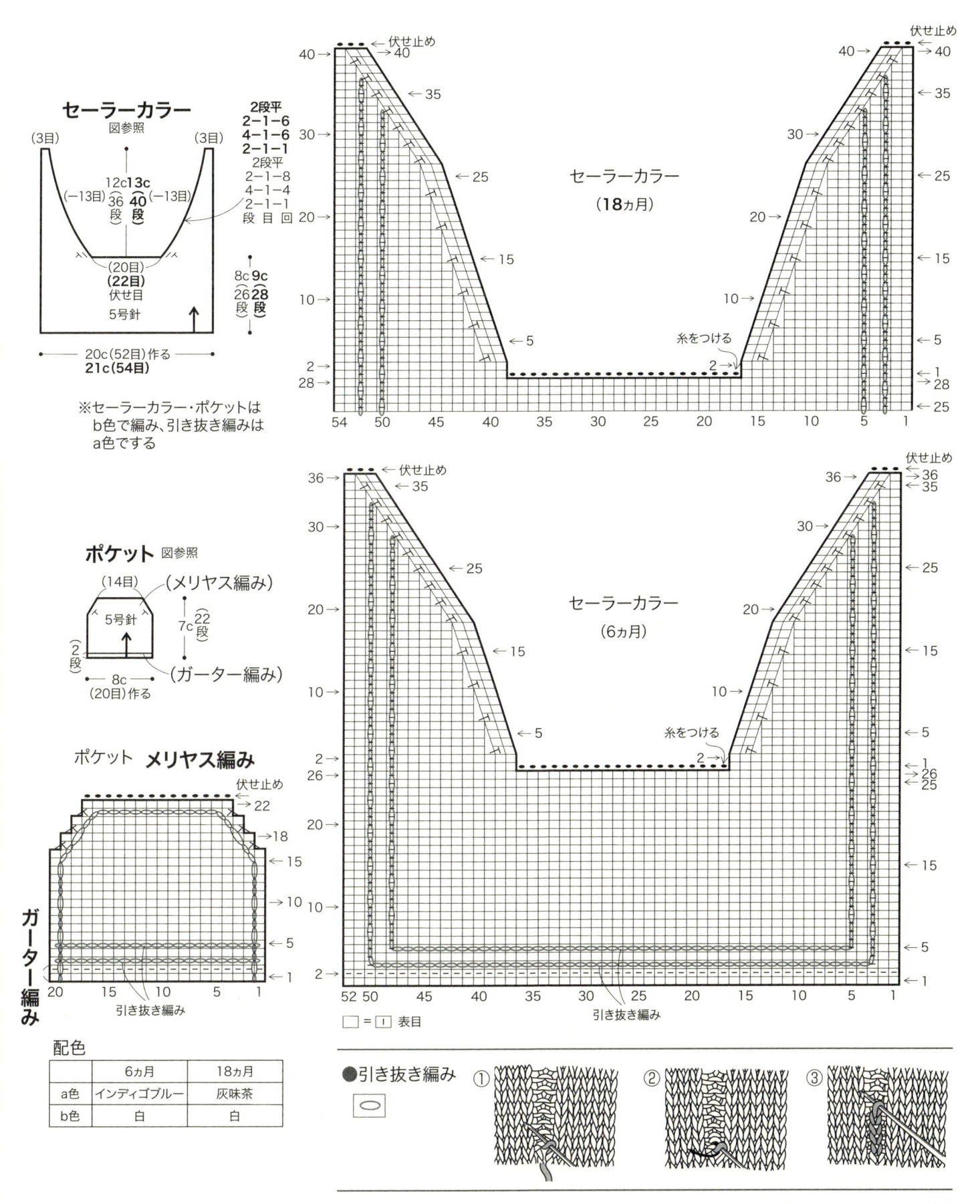

セーラーカラー

図参照

(3目) (3目)

12c 13c
(−13目) 36 **40** (−13目)
段 **段**

(20目)
(22目) 伏せ目
5号針

20c (52目) 作る
21c (54目)

2段平
2-1-6
4-1-6
2-1-1

2段平
2-1-8
4-1-4
2-1-1
段目回

8c 9c
26 **28**
段 **段**

※セーラーカラー・ポケットはb色で編み、引き抜き編みはa色とする

ポケット 図参照

(14目)
(メリヤス編み)
5号針 7c 22段
(2段)
(ガーター編み)
8c
(20目) 作る

ポケット メリヤス編み

伏せ止め →22
→18
→15
→10
→5
→1

ガーター編み

20 15 10 5 1

引き抜き編み

配色

	6ヵ月	18ヵ月
a色	インディゴブルー	灰味茶
b色	白	白

セーラーカラー (18ヵ月)

伏せ止め

セーラーカラー (6ヵ月)

□ = | 表目

糸をつける
引き抜き編み

● 引き抜き編み
○

① ② ③

17, 18
page 18, 19
6・18ヵ月

●用意するもの
糸…ハマナカ ロンパース 6ヵ月=ポーム《無垢綿》スーピマ（並太タイプ）生成り（81）100g／4玉、18ヵ月=ポーム《彩土染め》（並太タイプ）ライトグレー（45）120g／5玉、エプロン フラックスC（中細タイプ）6ヵ月=白（1）25g、赤（103）15g／各1玉、18ヵ月=白（1）30g／2玉、青（8）20g／1玉。
付属品…直径18mmのボタン各2個、9mmのスナップボタン各3組。
針…棒針5号、4号、かぎ針5/0号、4/0号。
●でき上がり寸法
ロンパース
6ヵ月=胸囲54cm、背肩幅17cm、丈31.5cm。
18ヵ月=胸囲58cm、背肩幅18cm、丈38cm。
●ゲージ
10cm平方でメリヤス編み 24目×31段、模様編み縞 27.5目×40段
●編み方ポイント
ロンパース 股切り替え位置から指でかける作り目をして編み始めます。股部分は指定位置から拾って編みます。エプロン 裾から同要領の作り目で編み始めます。模様編み縞は糸を切らずに渡して編みます。

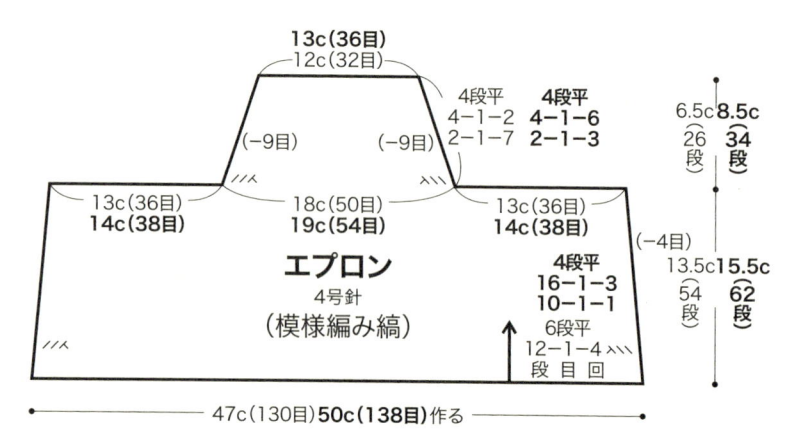

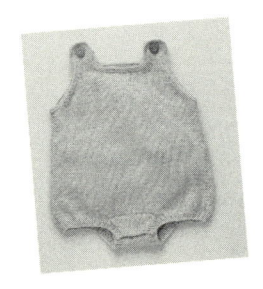

配色

	6ヵ月	18ヵ月
a色	白	白
b色	赤	青

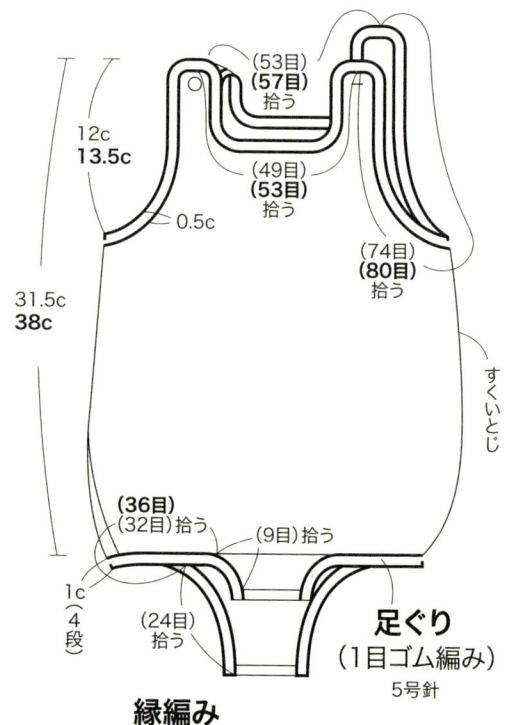

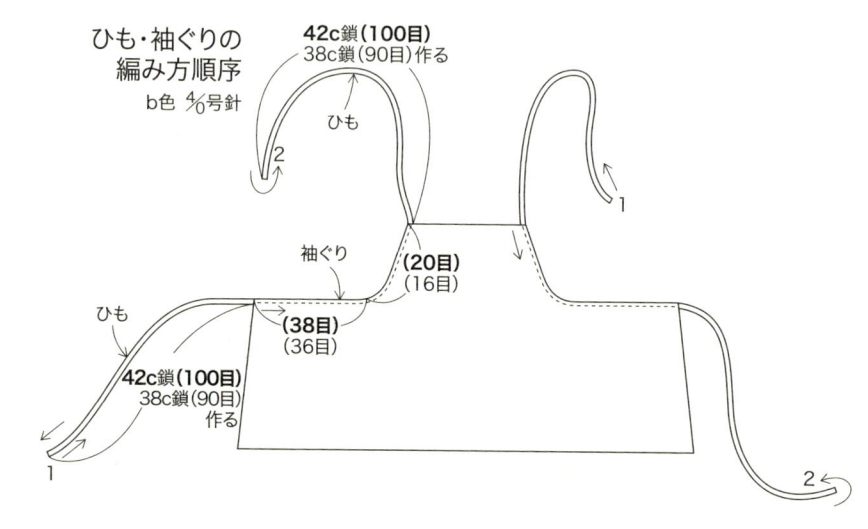

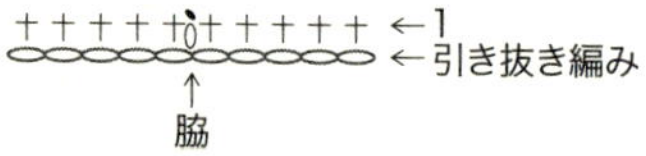

表示方法の普通=6ヵ月・共通
表示方法の太字=18ヵ月

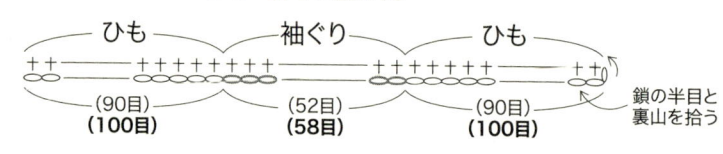

★ロンパースの編み方は72ページ

エプロン（6カ月）

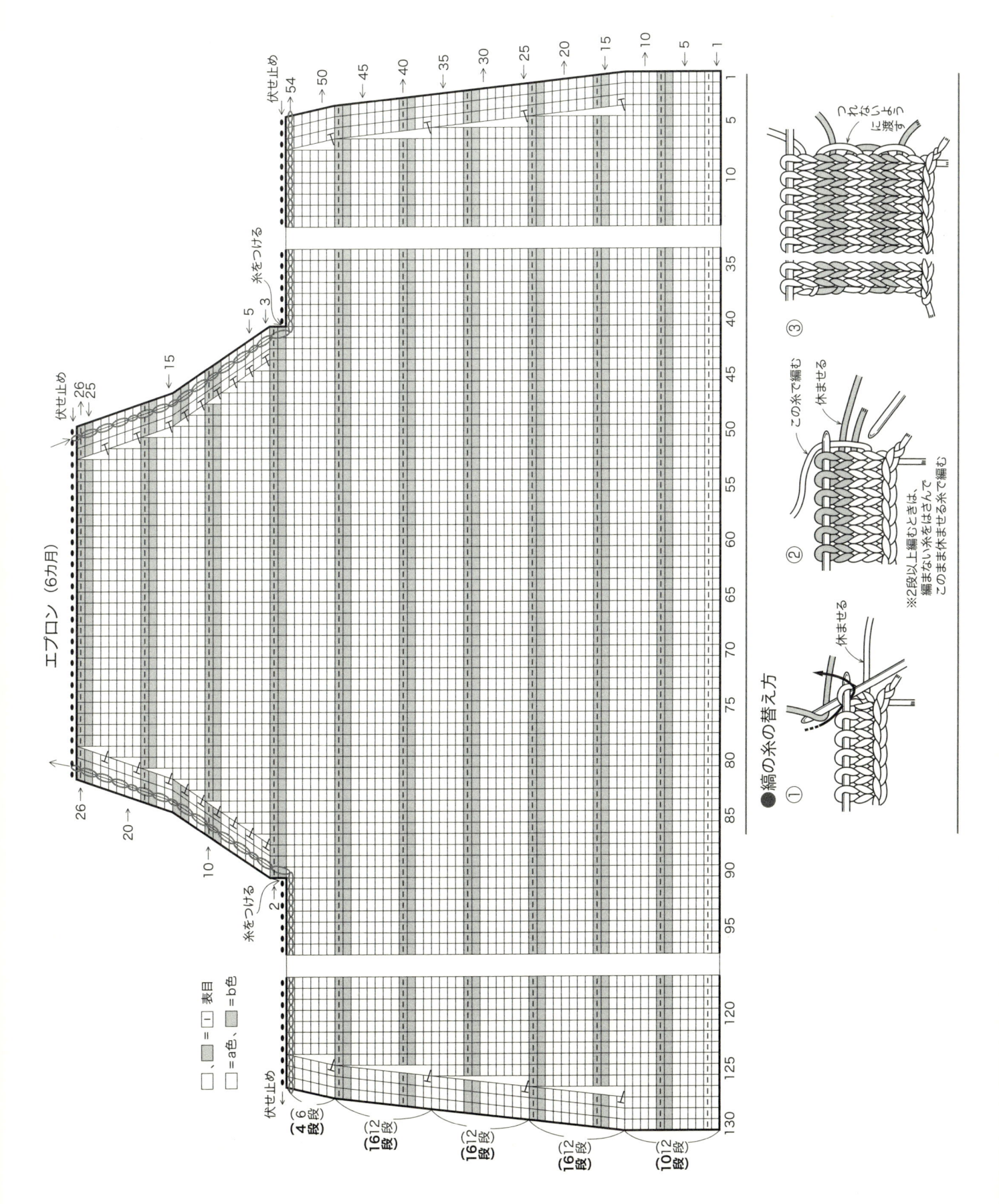

伏せ止め
糸をつける
□、|＝表目
□＝a色、■＝b色

●縞の糸の替え方
①②③
※2段以上編まないときは、編まない糸をはさんで このまま休ませる糸で編む
この糸で編む
休ませる
渡す
ねじらないように

17, 18

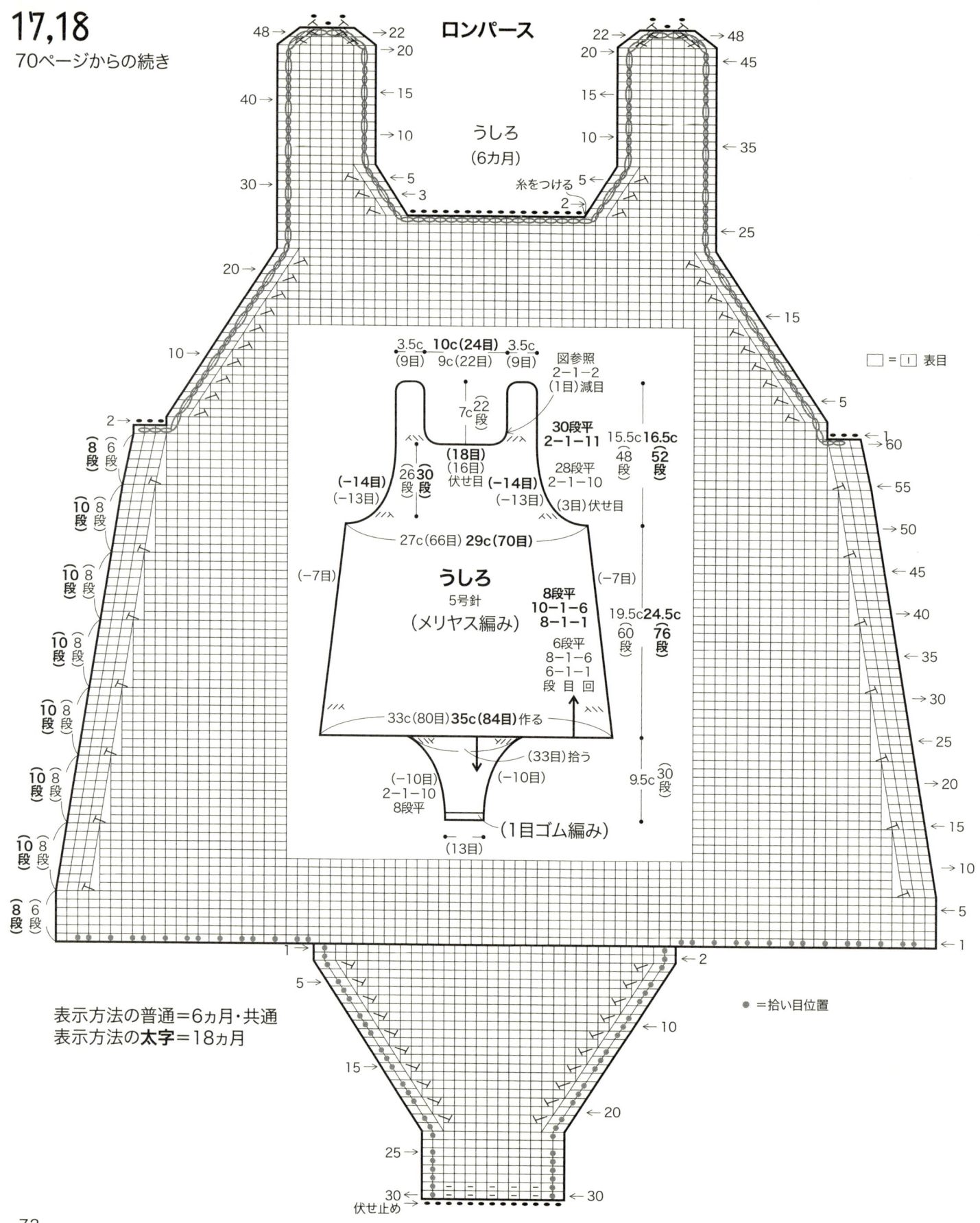

70ページからの続き

ロンパース

うしろ
(6カ月)

糸をつける

3.5c **10c(24目)** 3.5c
(9目) 9c(22目) (9目)

図参照
2-1-2
(1)減目

7c 22段

30段平
2-1-11

15.5c **16.5c**
(48段) **52段**

(18目)
(16目)
伏せ目

28段平
2-1-10

26 **30**
段 **段**

(−14目)
(−13目)

(−14目)
(−13目)

(3目)伏せ目

27c(66目) **29c(70目)**

うしろ
5号針
(メリヤス編み)

8段平
10-1-6
8-1-1

19.5c **24.5c**
(60段) **76段**

6段平
8-1-6
6-1-1
段目回

(−7目)

(−7目)

33c(80目) **35c(84目)** 作る

(33目)拾う

9.5c 30段

(−10目)
2-1-10
8段平

(1目ゴム編み)

(13目)

□ = □ 表目

● = 拾い目位置

表示方法の普通=6カ月・共通
表示方法の**太字**=18カ月

伏せ止め

前 (6カ月)

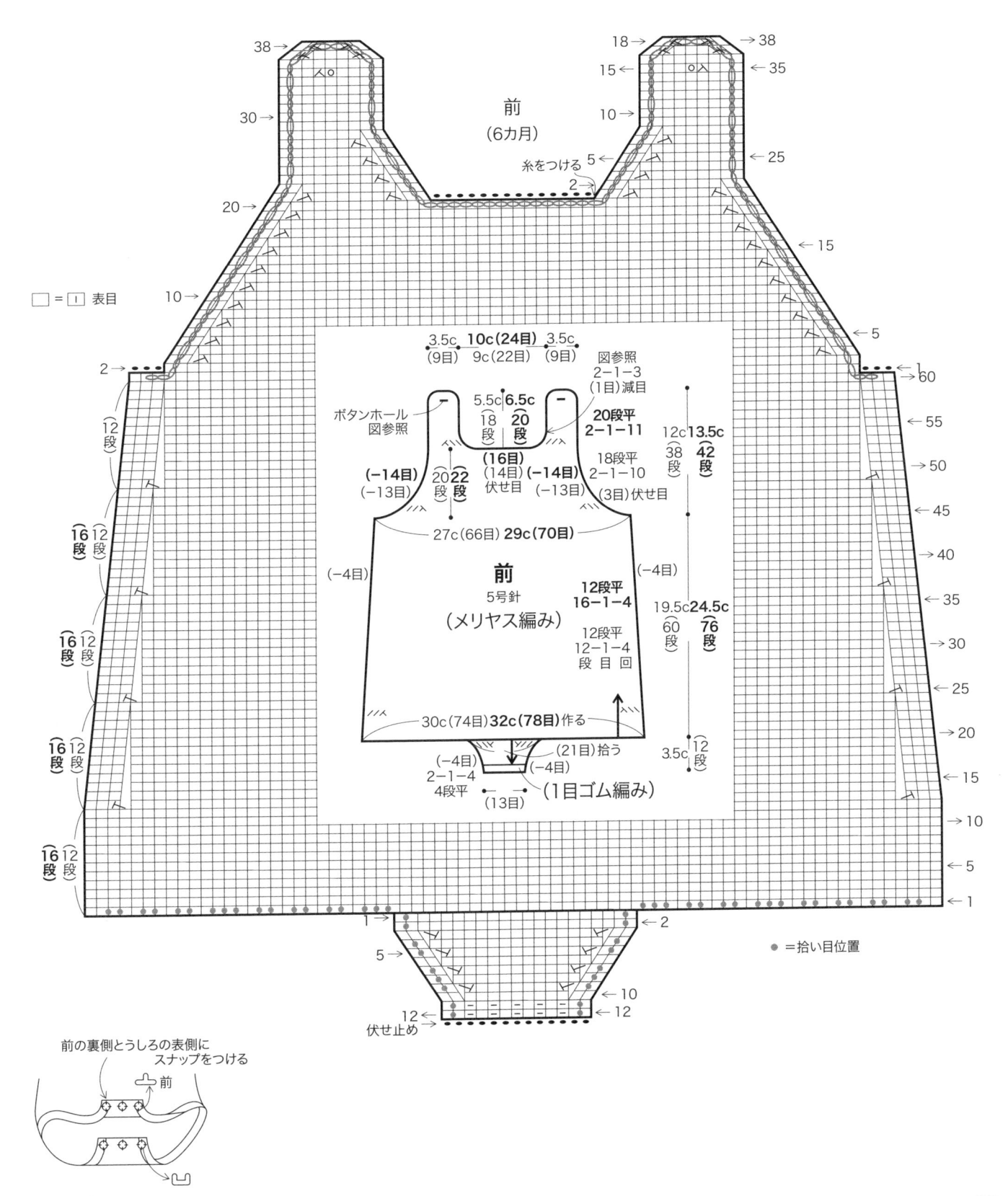

□ = ① 表目

● = 拾い目位置

- 38→ / →38
- 30→ 18 / 15 →35
- 20→ 糸をつける 5 →25
- 10→ 5 2 →15
- →5
- 2 →1 / →60

3.5c **10c(24目)** 3.5c
(9目) 9c(22目) (9目)

図参照
2-1-3
(1目)減目

ボタンホール
図参照

5.5c **6.5c**
(18) **20**
段 **段** 平
2-1-11

12c **13.5c**
(38段) **42段**

(-14目) 20 22
(-13目) 段 段
(16目)
(14目) (-14目)
伏目 (-13目)

18段平
2-1-10
(3目)伏目

27c(66目) **29c(70目)**

前
5号針
(メリヤス編み)

(-4目) (-4目)

12段平
16-1-4

12段平
12-1-4
段目回

19.5c **24.5c**
(60段) **76段**

30c(74目) **32c(78目)** 作る

3.5c 12段

(-4目) (21)拾う (-4目)
2-1-4
4段平 (1目ゴム編み)
(13目)

前の裏側とうしろの表側に
スナップをつける

手づくりを応援するポータルサイト「手づくりタウン」 http://www.tezukuritown.com 73

19, 20 page20 18・6ヵ月

●用意するもの
糸…内藤商事 コットンビオ 6ヵ月=テラコッタ色（15）70g／2玉、18ヵ月=からし色（12）90g／2玉。
付属品…9mm幅のゴム 6ヵ月=37cm、18ヵ月=41cm。
針…棒針5号。

●でき上がり寸法
6ヵ月=胴囲36cm、丈25cm。
18ヵ月=胴囲40cm、丈31cm。

●ゲージ
10cm平方でメリヤス編み 23目×30段。

●編み方ポイント
ウエスト部分から指でかける作り目をして、輪にします。うしろの指定位置で、かけ目と次の段でねじり目をして増し目をしていきます。まとめ 股下部分は中表に合わせて引き抜きはぎ、足部分は針に残っている目と、股下から2目拾って輪に編みます。ウエスト部分は折り返してまつり、ゴムを通します。

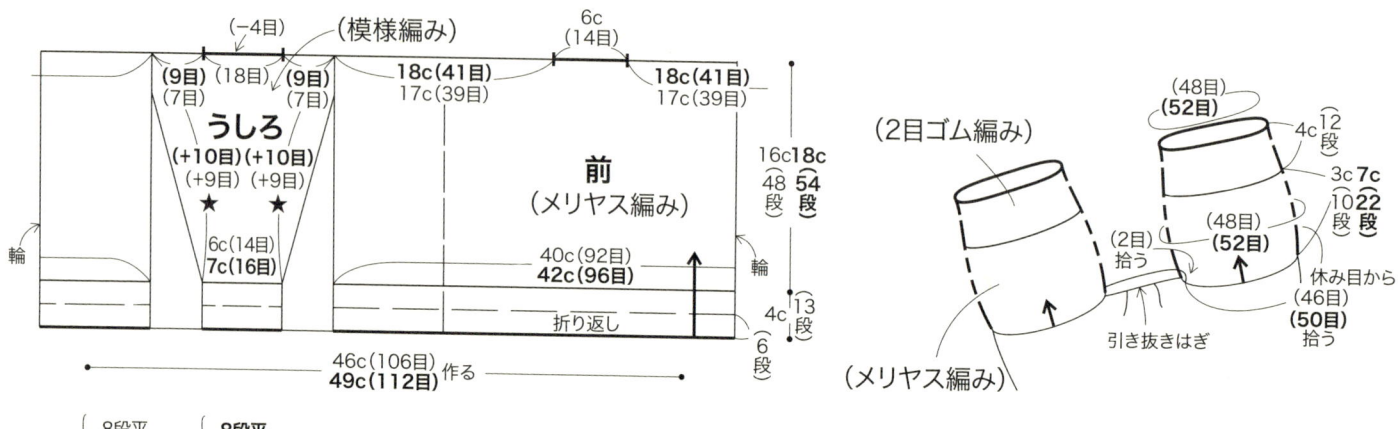

パンツ 5号針

★
8段平
4-1-7
6-1-2
段目回

8段平
4-1-7
6-1-3

表示方法の普通=6カ月・共通
表示方法の**太字**=18カ月

●作り目を輪にするとき

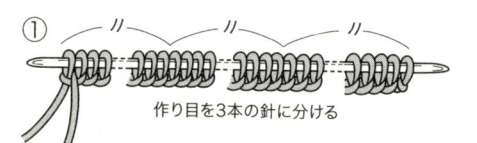

① 4本棒針を用意します。作り目を3本の針に分けて輪にし、4本めの針を使って編んでいきます。
作り目を3本の針に分ける

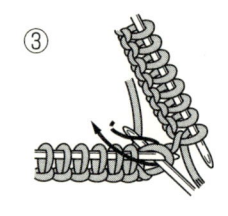

② 2段めは、4本めの針を使って編みます。作り目がねじれないよう気をつけながら、最初の目に、矢印のように針を入れます。
2の針 3の針 1の針 4の針

③ 続けて編み進めます。1の針を編み終えたら、1の針を使って2の針にかかっている目を拾って編み、針をかえながらぐるぐる編みます。

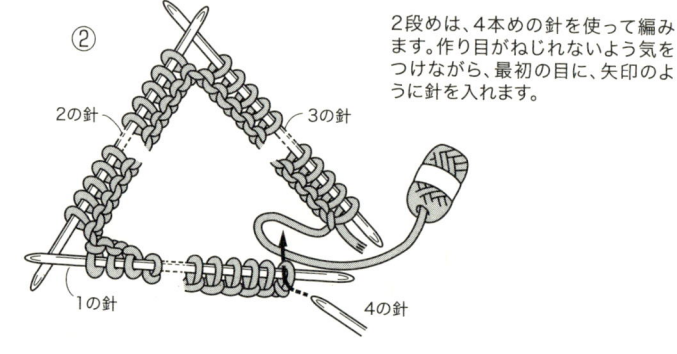

模様編み

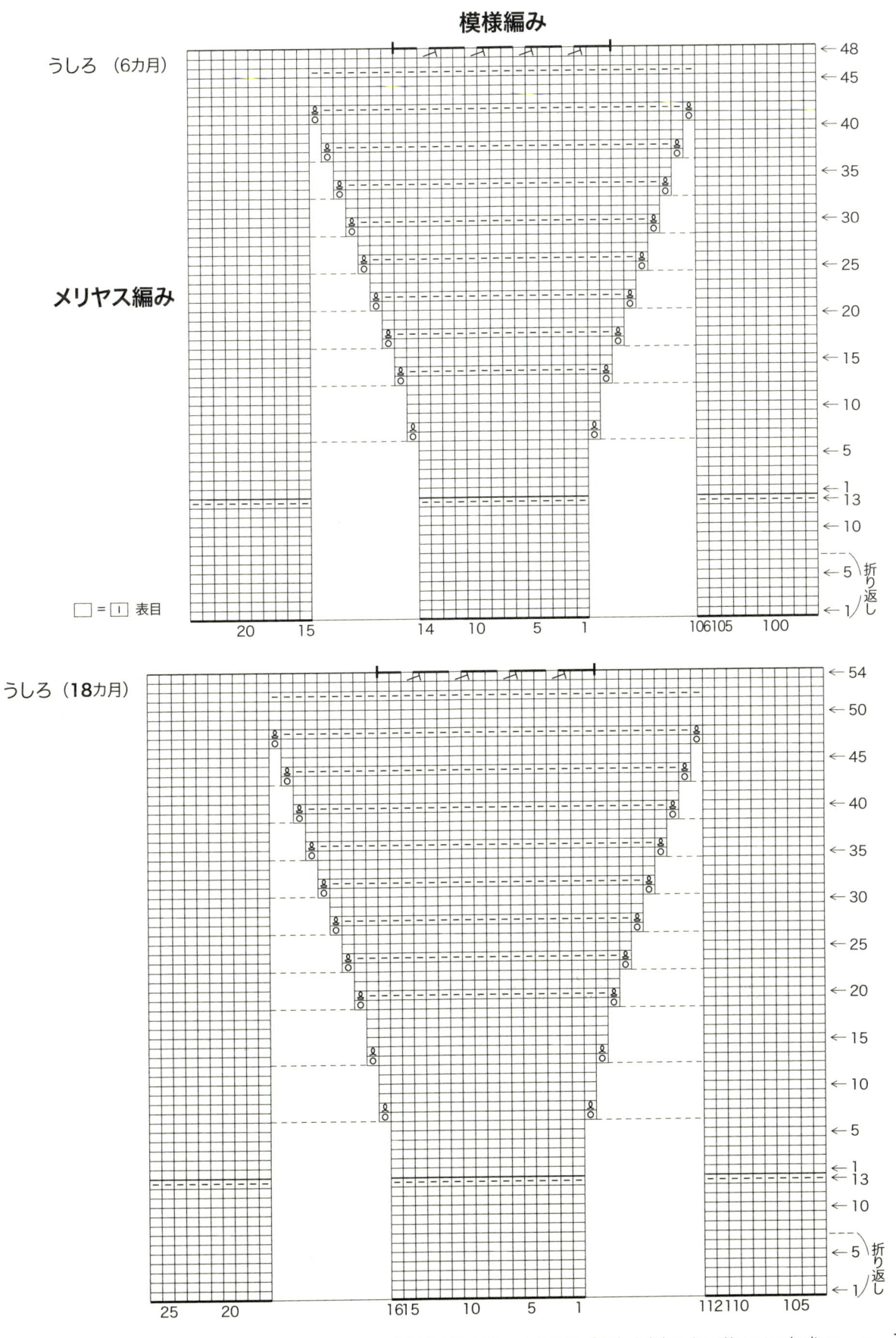

うしろ（6カ月）

メリヤス編み

□ = ☐ 表目

←48
←45
←40
←35
←30
←25
←20
←15
←10
←5
←1
←13
←10
←5 折り返し
←1

20　15　　14　10　5　1　　106 105　100

うしろ（18カ月）

←54
←50
←45
←40
←35
←30
←25
←20
←15
←10
←5
←1
←13
←10
←5 折り返し
←1

25　20　　16 15　10　5　1　　112 110　105

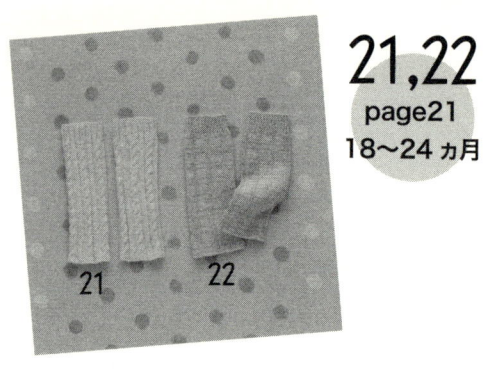

21, 22 page21 18～24ヵ月

●用意するもの
糸…ダルマ ひだまりオーガニック（合太タイプ）21＝生成り（2）60g／3玉、22＝シルバーグレー（10）40g／2玉、ミントグリーン（5）20g／1玉。
針…棒針4号、かぎ針4/0号。

●でき上がり寸法
図参照。

●編み方ポイント
21＝レッグウォーマー　指でかける作り目で編み始め、まっすぐ編みます。編み終わりは表目は表目に裏目は裏目に編んで伏せ止めをします。
22＝レッグウォーマー　同要領の作り目で編み始め、まっすぐ編みます。編み終わりましたら、指定位置に水色で引き抜き編みをします。
まとめ　21・22ともすくいとじで輪にします。

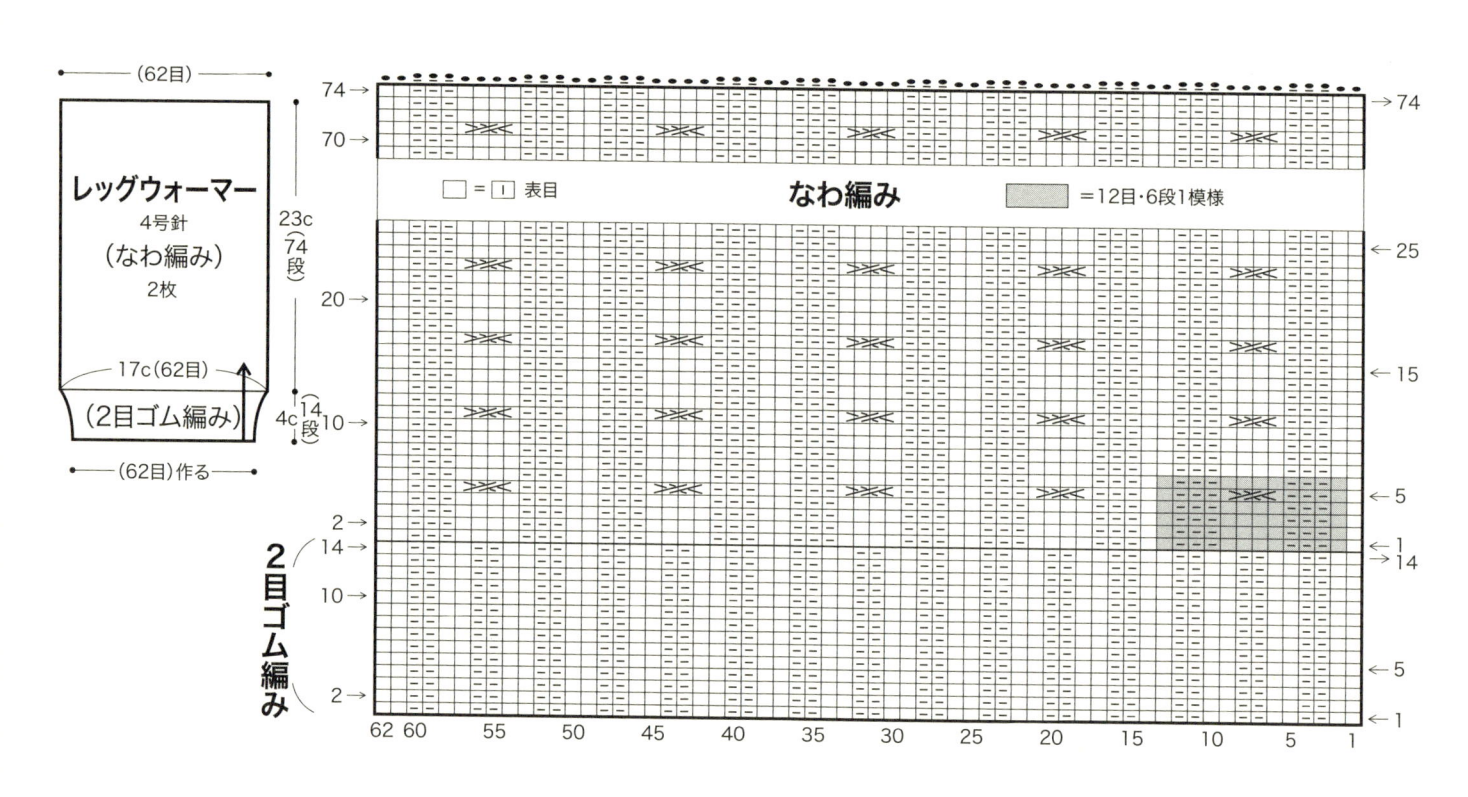

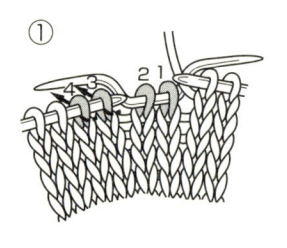

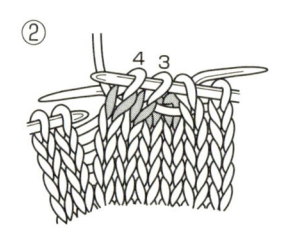

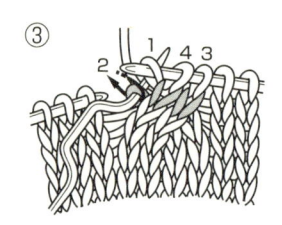

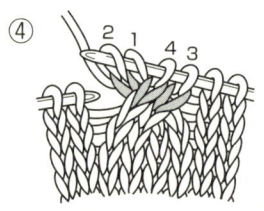

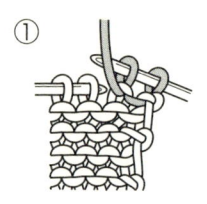

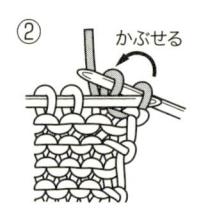

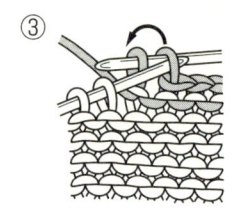

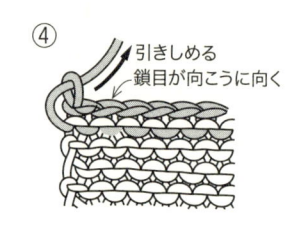

レッグウォーマー
4号針
（なわ編み）
2枚

□ = ｜ 表目　　なわ編み　　▨ =12目・6段1模様

2目ゴム編み

●左上2目交差

●伏せ止め（裏メリヤス編み）
かぶせる
引きしめる
鎖目が向こうに向く

レッグウォーマー

4号針
(模様編み)
2枚

- (58目)
- 20c(58目)
- (1目ゴム編み)
- (58目)作る
- 23c(74段)
- 4c(14段)

※指定以外はシルバーグレーで編む

□、■ = ① 表目
■ = ミントグリーン

すくいとじ

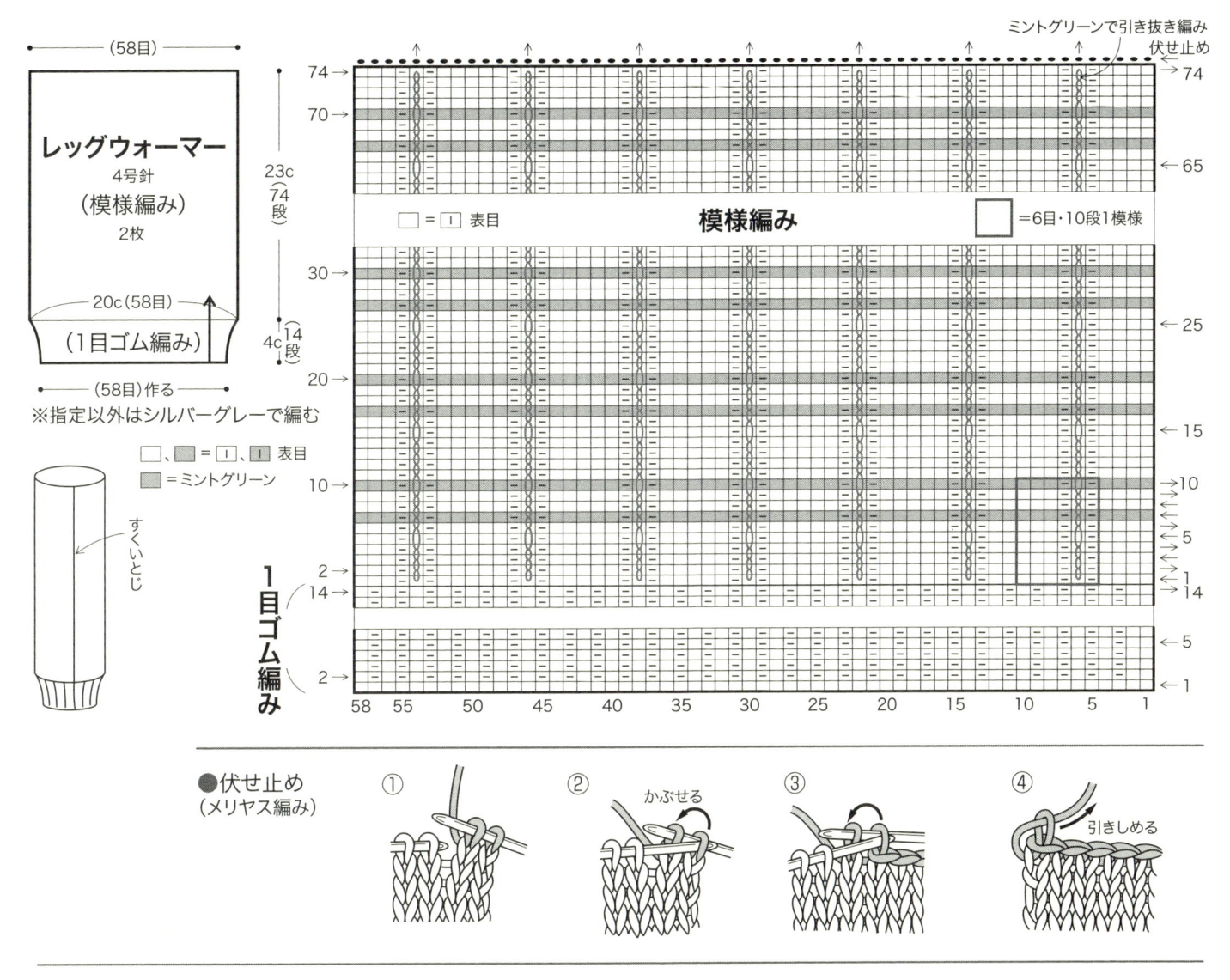

模様編み

□ = ① 表目　　□ = 6目・10段1模様

ミントグリーンで引き抜き編み
伏せ止め

1目ゴム編み

●伏せ止め（メリヤス編み）

① ② かぶせる ③ ④ 引きしめる

23　78からの続き

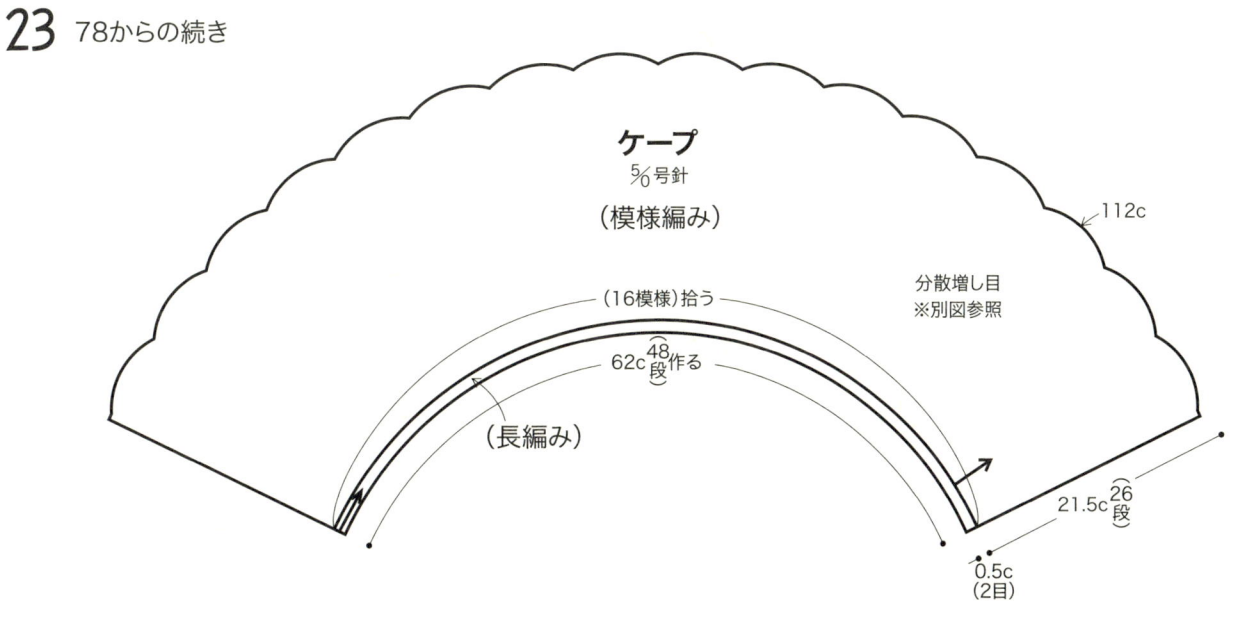

ケープ

5/0号針
(模様編み)

- 112c
- (16模様)拾う
- 62c (48段)作る
- (長編み)
- 分散増し目 ※別図参照
- 21.5c (26段)
- 0.5c (2目)

23 page22 12～24ヵ月

●用意するもの
糸…ダルマ ひだまりオーガニック（合太タイプ）ピンク（7）110g／5玉。
針…かぎ針5/0号。

●でき上がり寸法
裾回り112cm、丈21.5cm。

●ゲージ
模様編み1模様7cm・10cmで12段（9段めから）。

●編み方ポイント
ネックから図を参照して編み始めます。模様編みは8段まで、1模様で分散に増して目をして編み、9段めからは4段のくり返しで26段まで増減なく編みます。ひもは図を参照して編み、ネックの指定位置に通します。

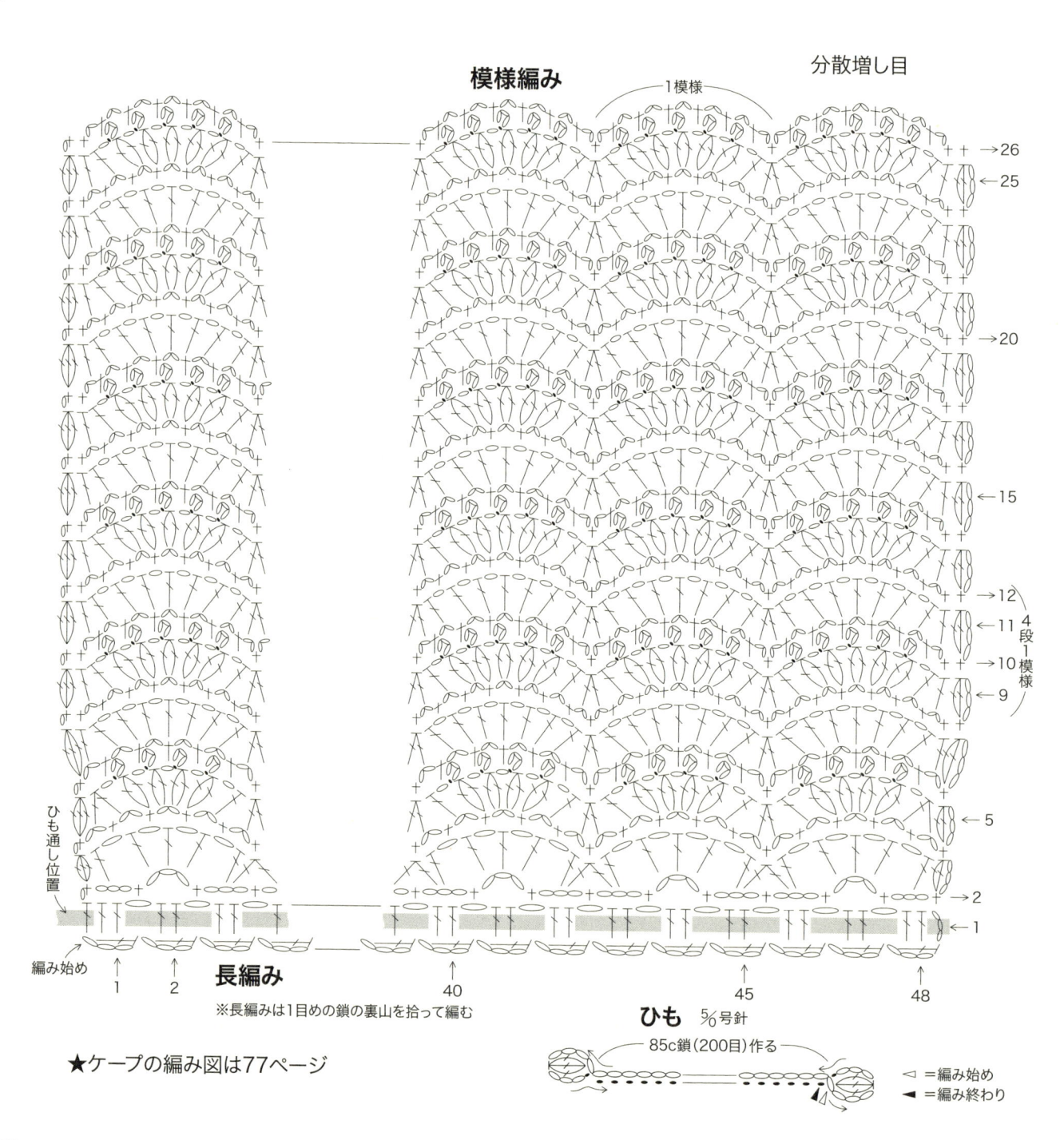

模様編み　分散増し目

ひも 5/0号針
85c鎖（200目）作る
◁＝編み始め
◀＝編み終わり

長編み
※長編みは1目めの鎖の裏山を拾って編む

★ケープの編み図は77ページ

24 page23 12・24ヵ月

●用意するもの
糸…ハマナカ ポームコットンリネン（並太タイプ）白（201）12ヵ月＝30g・24ヵ月＝35g／各2玉。
針…棒針5号。

●でき上がり寸法
12ヵ月＝頭回り43cm、深さ16cm。
24ヵ月＝頭回り47cm、深さ19cm。

●編み方ポイント
かぶり口から指でかける作り目をして輪にして編みます。トップの減目位置まで編みましたら、4等分にして減目図を参照しながら輪に編みます。編み終わりましたら、糸端15cmくらい残して糸を切り、糸端をとじ針に通して残った目の中を通して糸端の始末をします。

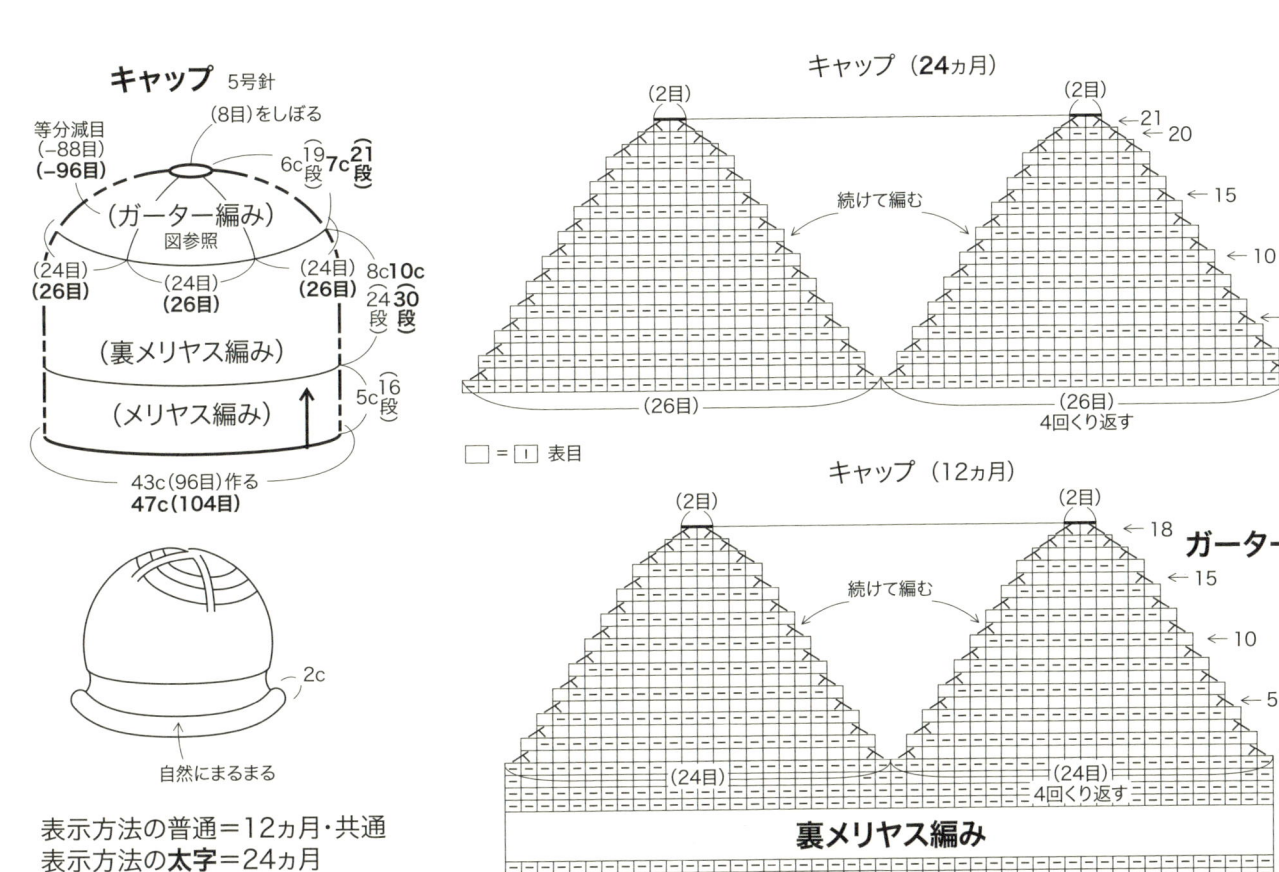

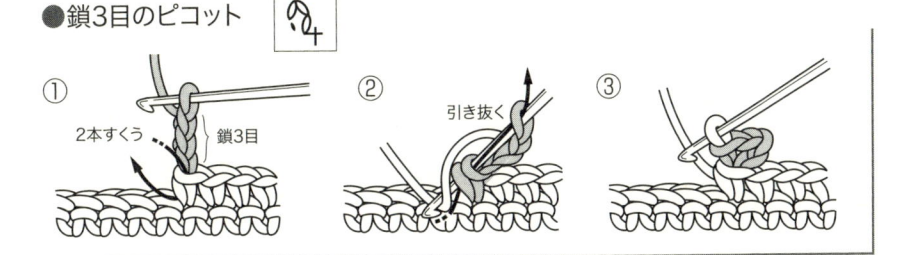

キャップ 5号針

等分減目（-88目）（-96目）
(8目)をしぼる
6c 19段 7c 21段
(24目) (24目)
(26目) (26目) (26目)
(ガーター編み)図参照
8c 10c
24段 30段
(裏メリヤス編み)
(メリヤス編み)
5c 16段
43c(96目)作る
47c(104目)

2c
自然にまるまる

表示方法の普通＝12ヵ月・共通
表示方法の**太字**＝24ヵ月

キャップ（24ヵ月）
(2目)　(2目)
←21　←20
←15
←10
←5
←1　←30
(26目)　(26目)
4回くり返す
続けて編む
□ = | 表目

キャップ（12ヵ月）
(2目)　(2目)
←18
←15
←10
←5
←1
←24 30
(24目)　(24目)
4回くり返す
続けて編む
ガーター編み

←15
←10
←5
←1 ←16
裏メリヤス編み

←2 ←1
メリヤス編み

45 40 35 30 25 20 15 10 5 1

●鎖3目のピコット

① 2本すくう　鎖3目
② 引き抜く
③

25 page23 12・24ヵ月

●用意するもの
糸…ダルマ カフェベビーオーガニック（合太タイプ）グレー（6）12ヵ月＝35g・24ヵ月＝40g／各2玉。
針…棒針5号、かぎ針5/0号。

●でき上がり寸法
12ヵ月＝頭回り48cm、深さ16cm。
24ヵ月＝頭回り50cm、深さ17.5cm。

●編み方ポイント
かぶり口から指でかける作り目をして2目ゴム編みで10段編みましたら、メリヤス編みにかえるとき、図を参照して等分に増し目をします。メリヤス編みで減目位置までまっすぐ編みましたら、図のように6等分にして減目をします。編み終わりましたら、糸端30〜40cmくらい残して糸を切り、糸端をとじ針に通して残った目の中に通してしぼり、一度結んでから端をすくいとじにして糸端の始末をします。ブリムはかぎ針で別に編み、指定位置にまつり、ポンポンを作って指定位置につけます。

キャスケット（メリヤス編み） 5号針

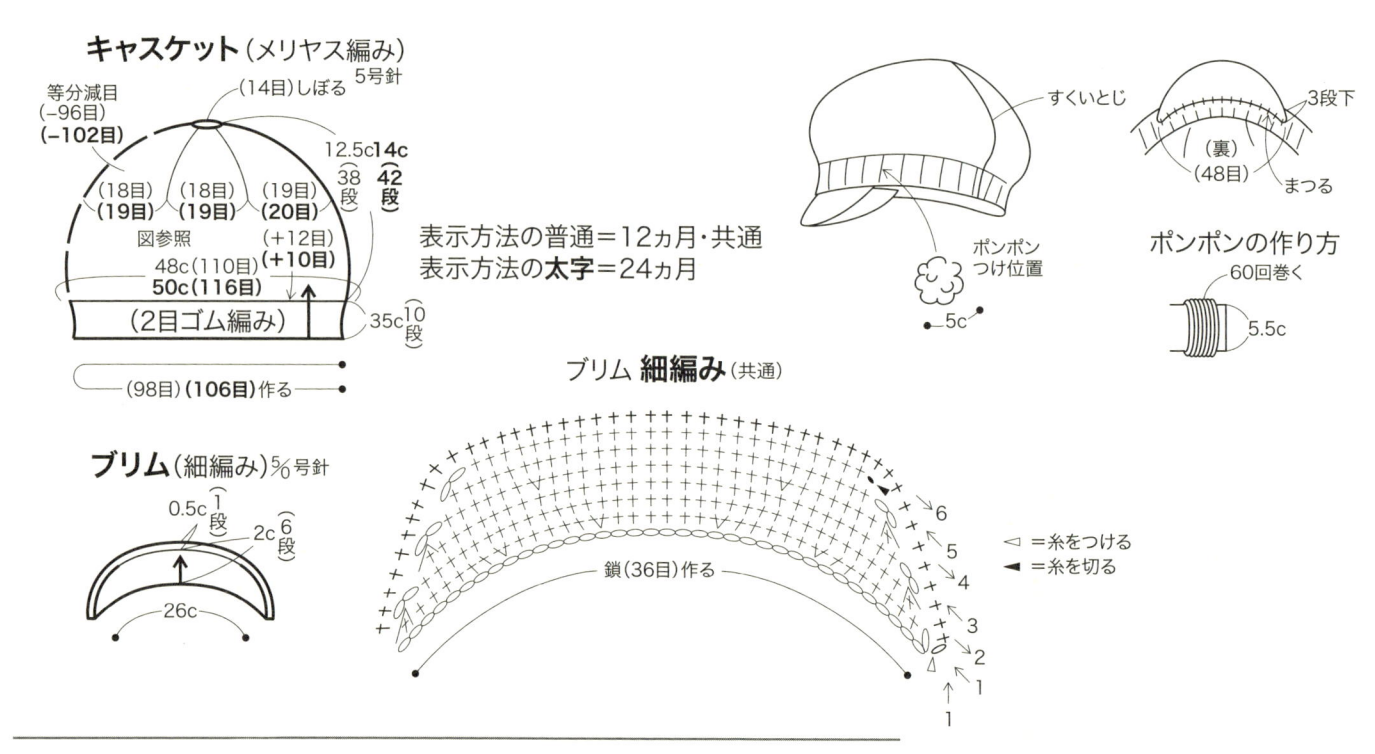

表示方法の普通＝12ヵ月・共通
表示方法の**太字**＝24ヵ月

ブリム（細編み）5/0号針

ブリム 細編み（共通）
鎖（36目）作る
◁＝糸をつける
◀＝糸を切る

ポンポンの作り方
60回巻く
5.5c

●目のしぼり方

（目数が少ないとき） 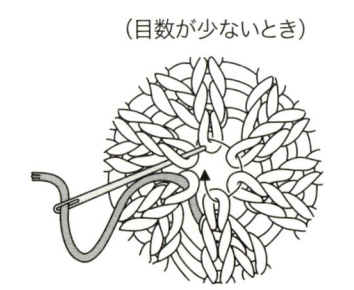
前目に糸を通し、1回でしぼります。
※糸を通すときは目がねじれないように通し、とじ糸は裏側で結び、糸端を目の中に通し、もう一度結んでから糸を切ります。

（目数が多いとき） 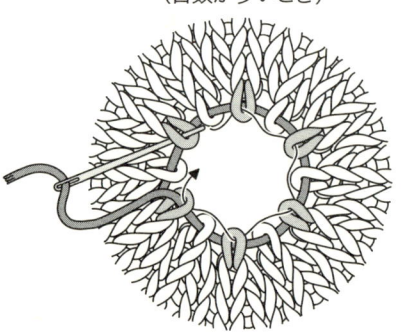
1目おきに糸を通し、2回に分けて通します。

キャスケット (12ヵ月)

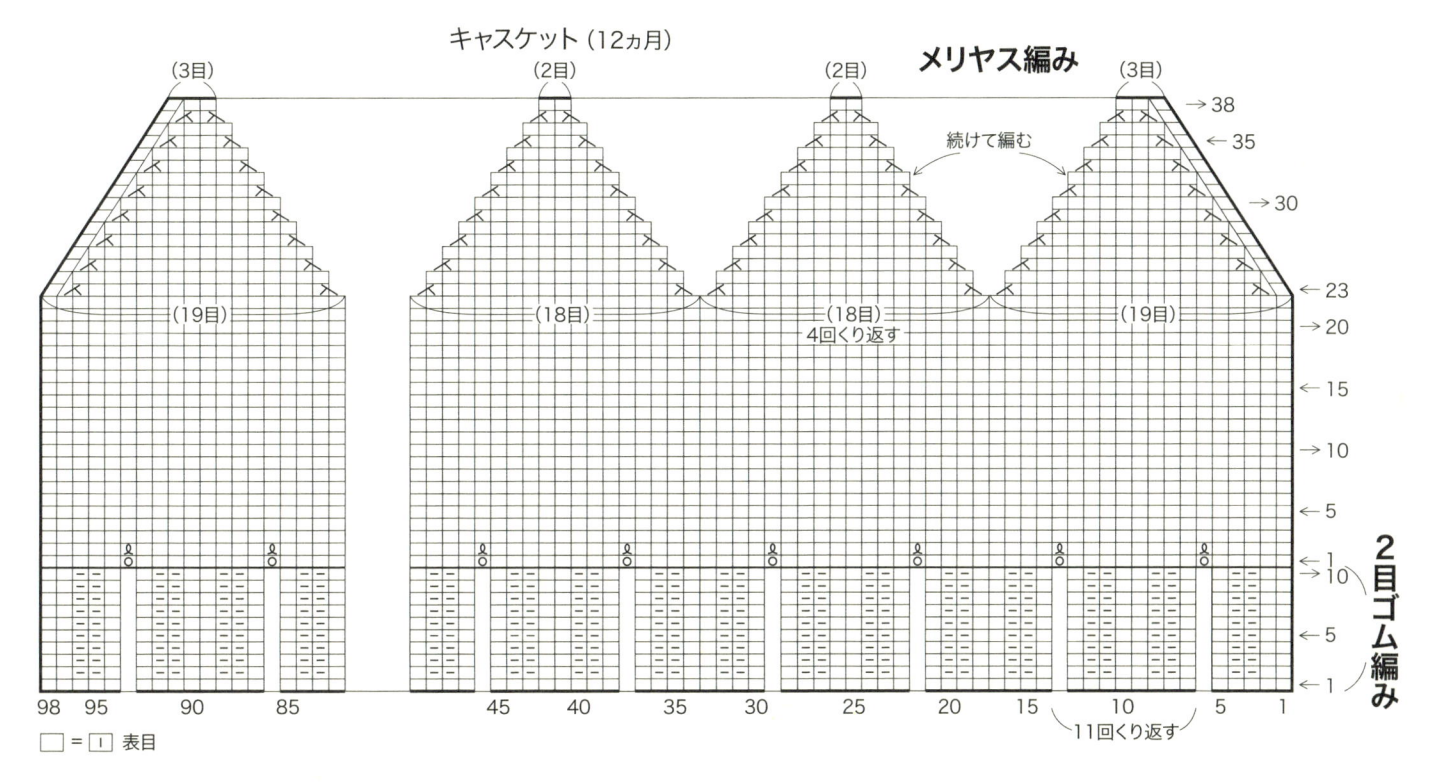

メリヤス編み

(3目) (2目) (2目) (3目)

(19目) (18目) (18目)　4回くり返す (19目)

→38
←35
→30
←23
→20
←15
→10
←5
←1
→10
←5
→1

2目ゴム編み

98　95　90　85　　45　40　35　30　25　20　15　10　5　1

11回くり返す

□ = | 表目

キャスケット (24ヵ月)

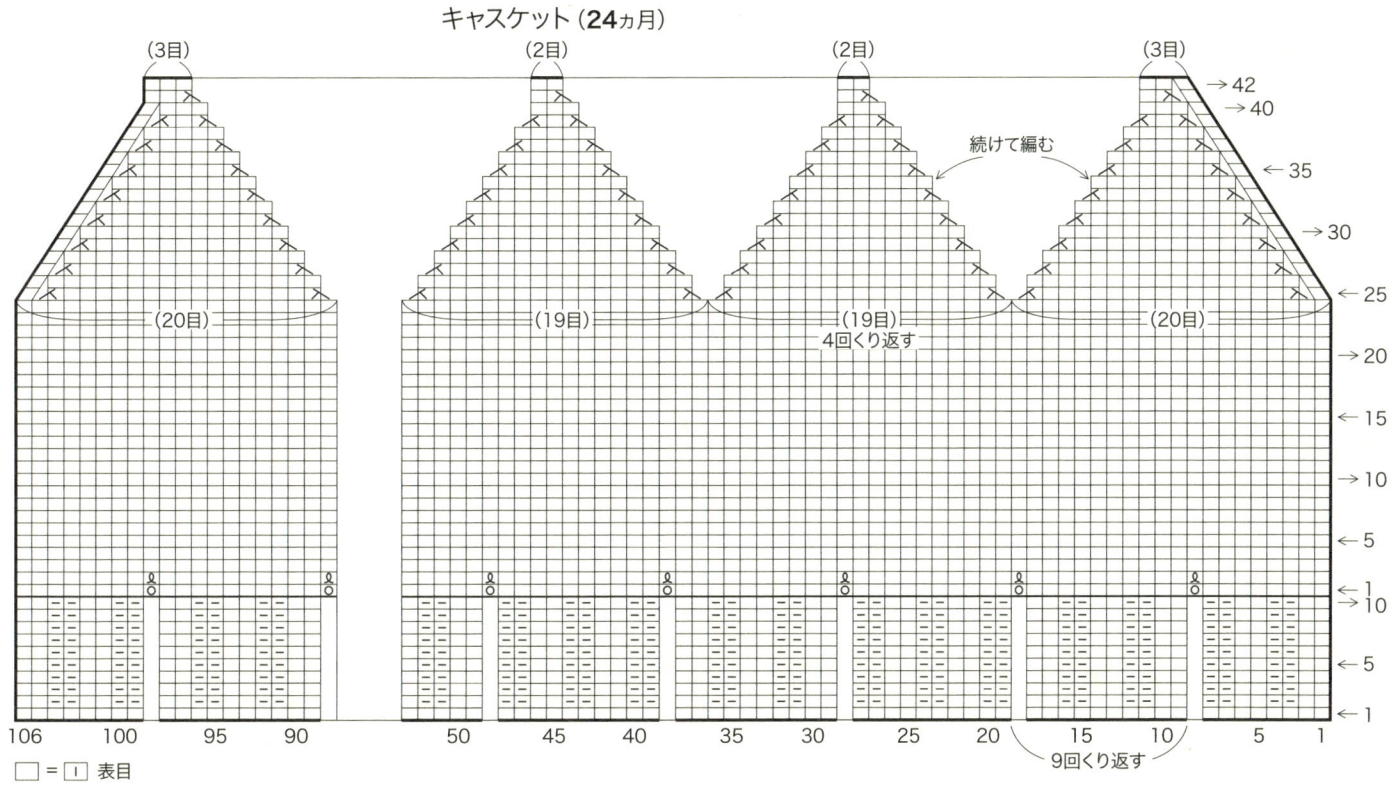

(3目) (2目) (2目) (3目)

(20目) (19目) (19目)　4回くり返す (20目)

→42
→40
←35
→30
←25
→20
←15
→10
←5
←1
→10
←5
→1

106　100　95　90　　50　45　40　35　30　25　20　15　10　5　1

9回くり返す

□ = | 表目

26 page23 12・24ヵ月

●用意するもの
糸…ダイヤモンド毛糸 タスマニアンベビー（合太タイプ）ベージュ（308）12ヵ月＝35g・24ヵ月＝40g／各1玉。
付属品…直径13mmのボタン2個。
針…かぎ針5/0号。

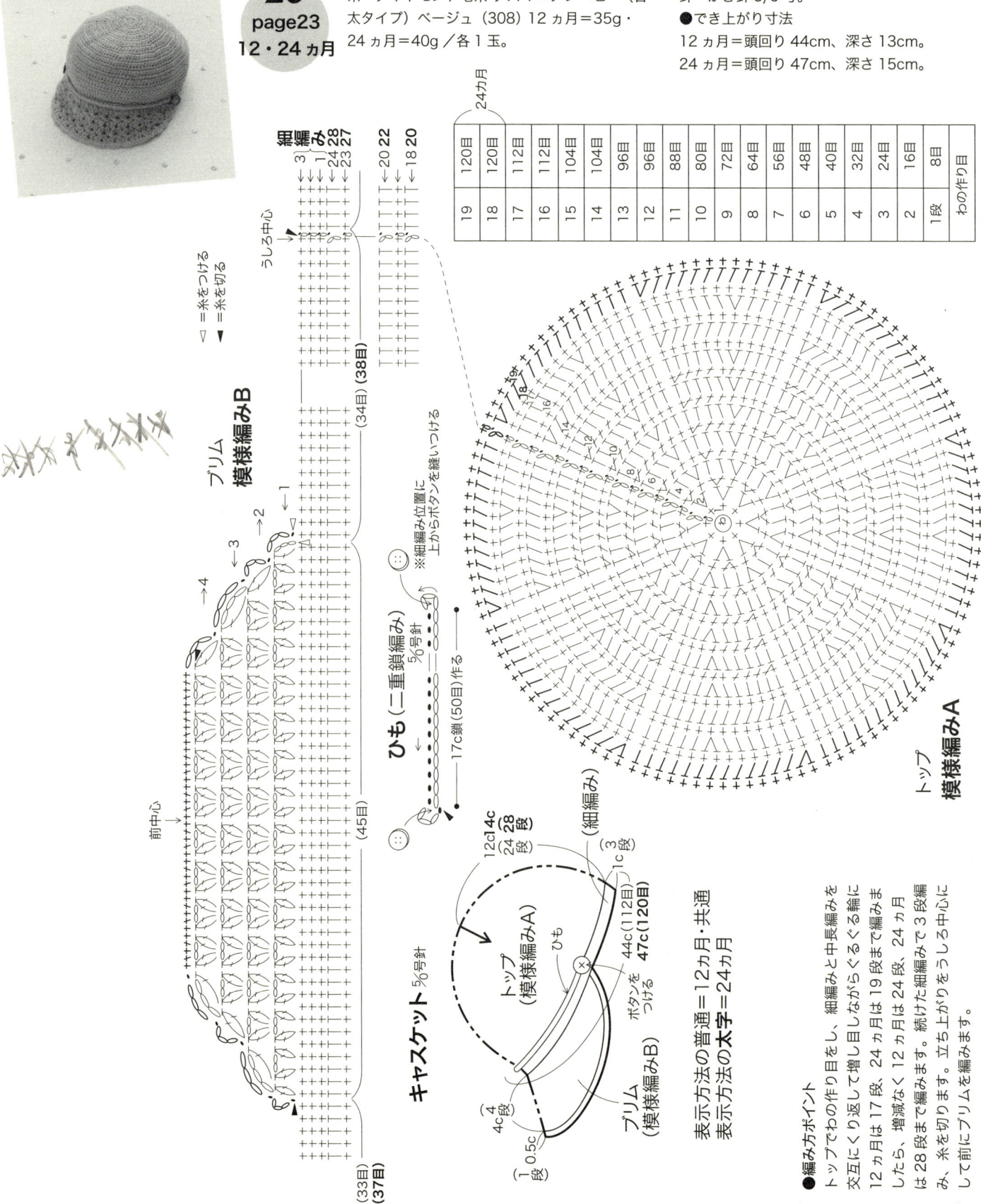

●でき上がり寸法
12ヵ月＝頭回り44cm、深さ13cm。
24ヵ月＝頭回り47cm、深さ15cm。

	24ヵ月
19	120目
18	120目
17	112目
16	112目
15	104目
14	104目
13	96目
12	96目
11	88目
10	80目
9	72目
8	64目
7	56目
6	48目
5	40目
4	32目
3	24目
2	16目
1段	8目
わの作り目	

トップ 模様編みA

ブリム 模様編みB

ひも（二重鎖編み）5/0号針 17c鎖（50目）作る

△＝糸をつける
▲＝糸を切る

※細編み位置に上からボタンを縫いつける

キャスケット 5/0号針
トップ（模様編みA）
ブリム（模様編みB）
ボタンつけ位置
44c（112目）
47c（120目）
12c14c（24・28段）
1c（3段）
4c（4段）
0.5c（1段）
前中心
うしろ中心

表示方法の普通＝12ヵ月
表示方法の太字＝24ヵ月

●編み方ポイント
トップでわの作り目をし、細編みと中長編みを交互にくり返して増し目をしながらぐるぐる輪に編みます。12ヵ月は17段、24ヵ月は19段まで編んだら、増減なく編みます。12ヵ月24ヵ月は28段まで編みます。続けて細編みをうしろ中心にして3段編み、糸を切り立ち上がりブリムを前中心にして編みます。

27, 28
page 24, 25
24・12ヵ月

●用意するもの
糸…内藤商事 ラナ ビオ（並太タイプ）12ヵ月＝ラベンダー色（19）110g／3玉、24ヵ月＝ベージュ（7）120g／3玉。
付属品…直径18mmのボタン各3個。
針…棒針8号、かぎ針7/0号。

●でき上がり寸法
12ヵ月＝胸囲61.5cm、丈31.5cm、ゆき丈15cm。24ヵ月＝胸囲61.5cm、丈37.5cm、ゆき丈15cm。

●ゲージ
10cm平方でメリヤス編み 19目×27段。

●編み方ポイント
裾から指でかける作り目をして編み始めます。袖口部分は模様編みにかえ、肩は休み目にします。前は対称に2枚編みます。まとめ 肩は中表に合わせて引き抜きはぎ、脇はすくいとじにします。前立て・衿は拾い目して編み、左前立てにはボタンホールを作ります。編み終わりは表目は表目に、裏目は裏目に編んで伏せ止めにします。ポケットは同要領の作り目をしてかのこ編みで2枚編み、三方の指定位置に引き抜き編みをし、指定位置にすくいとじの要領でつけます。

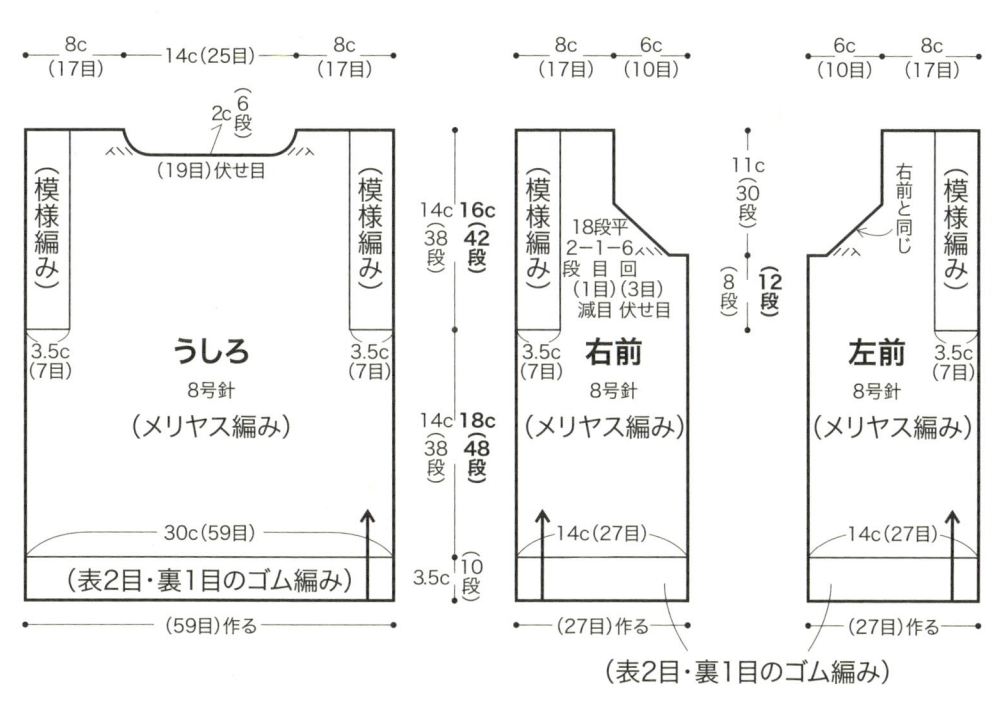

表示方法の普通＝12ヵ月・共通
表示方法の**太字**＝24ヵ月

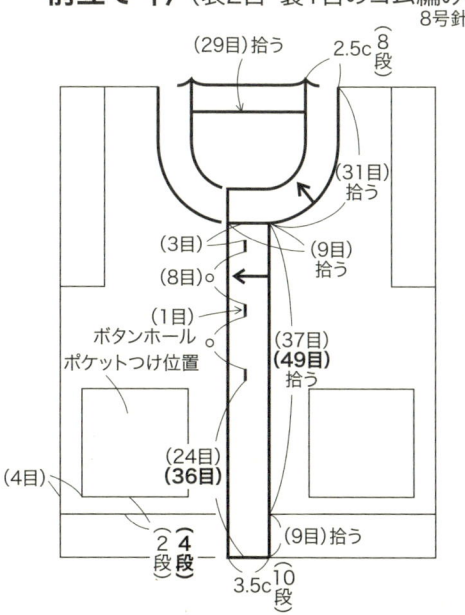

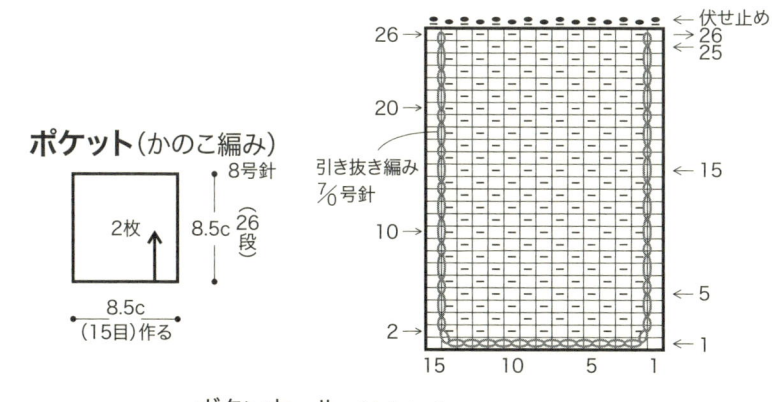

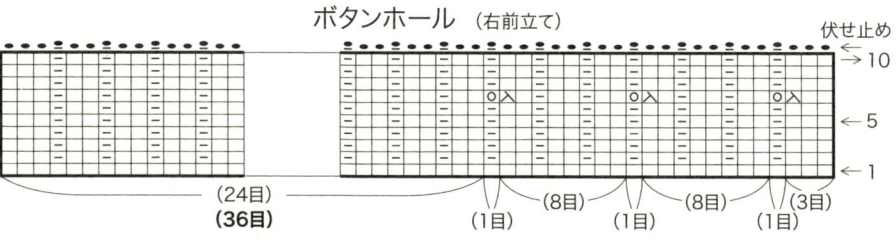

★次のページに続く

★前ページからの続き

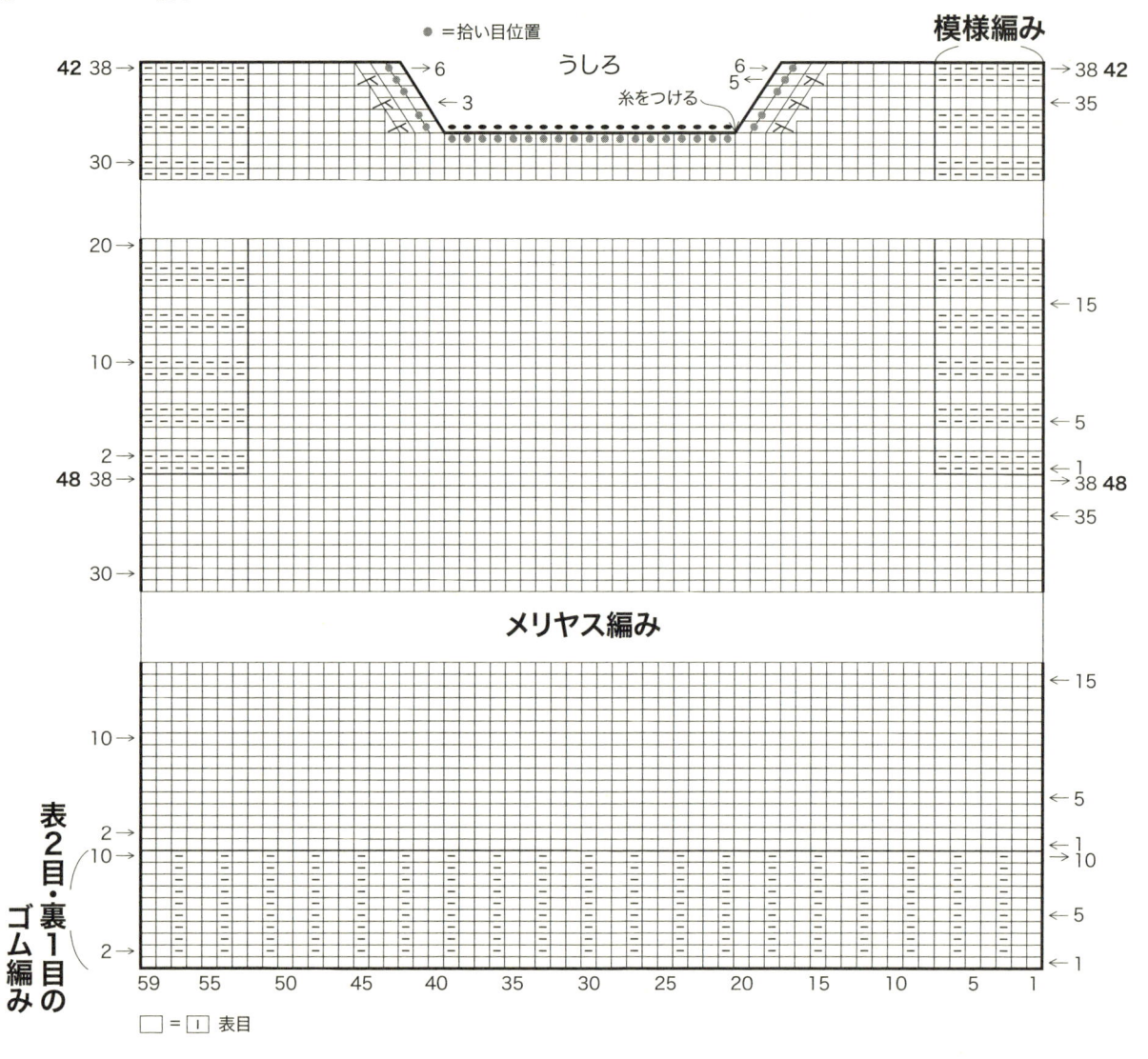

● =拾い目位置

うしろ　糸をつける

模様編み

表2目・裏1目のゴム編み

メリヤス編み

●引き抜きはぎ
編み地を中表に合わせます
① ② ③ ④ ⑤

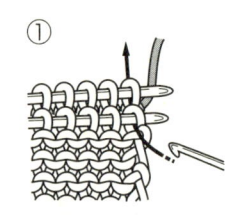

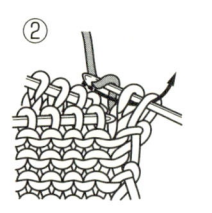

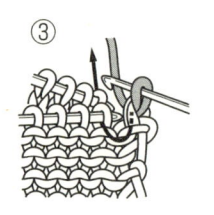

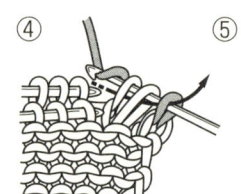

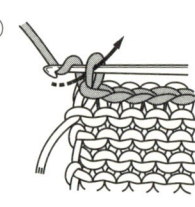

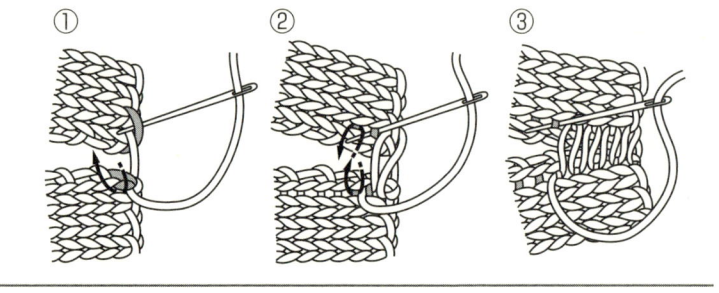

●すくいとじ
① ② ③

□ = | 表目

● =拾い目位置

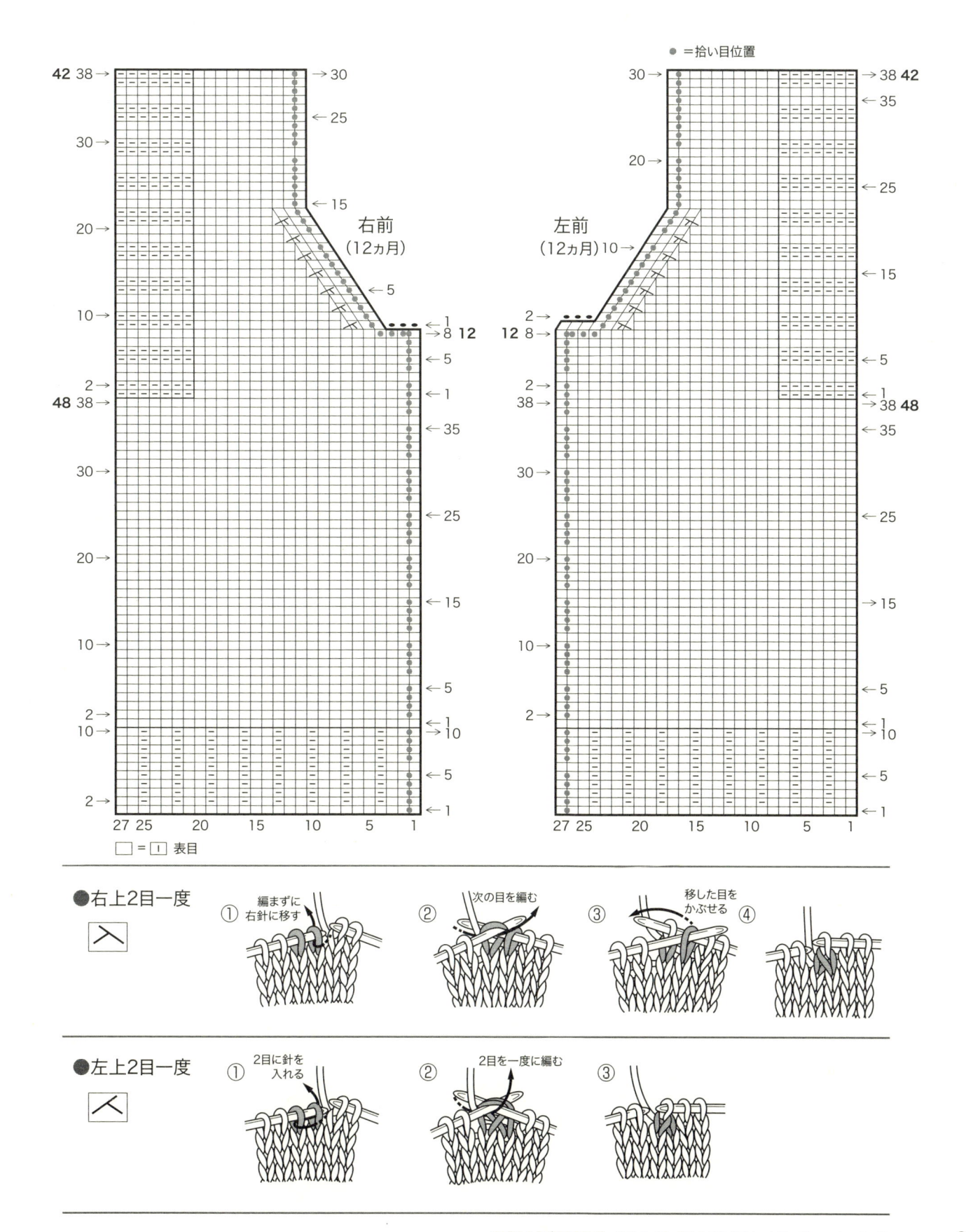

右前
（12ヵ月）

左前
（12ヵ月）

□ = ① 表目

●右上2目一度
入

① 編まずに右針に移す
② 次の目を編む
③ 移した目をかぶせる
④

●左上2目一度
人

① 2目に針を入れる
② 2目を一度に編む
③

29, 30
page26,27
12・24ヵ月

●用意するもの
糸…内藤商事 ラナ ビオ ファイン（合太タイプ）
12ヵ月＝ティーグリーン（17）110g／3玉。
24ヵ月＝テラコッタ色（15）120g／3玉。
付属品…直径18mmのボタン各4個。
針…棒針5号。

●でき上がり寸法
12ヵ月＝胸囲61.5cm、背肩幅21cm、丈31.5cm。24ヵ月＝胸囲61.5cm、背肩幅21cm、丈37.5cm。

●ゲージ
10cm平方でメリヤス編み23目×30段、模様編みB30目×30.5段。

●編み方ポイント
右前・うしろ・左前を続けて、裾から指でかける作り目で234目作り、図を参照して12ヵ月は34段、24ヵ月は42段まではまっすぐ編み、次の段で等分に減目して212目にし、1段編み、

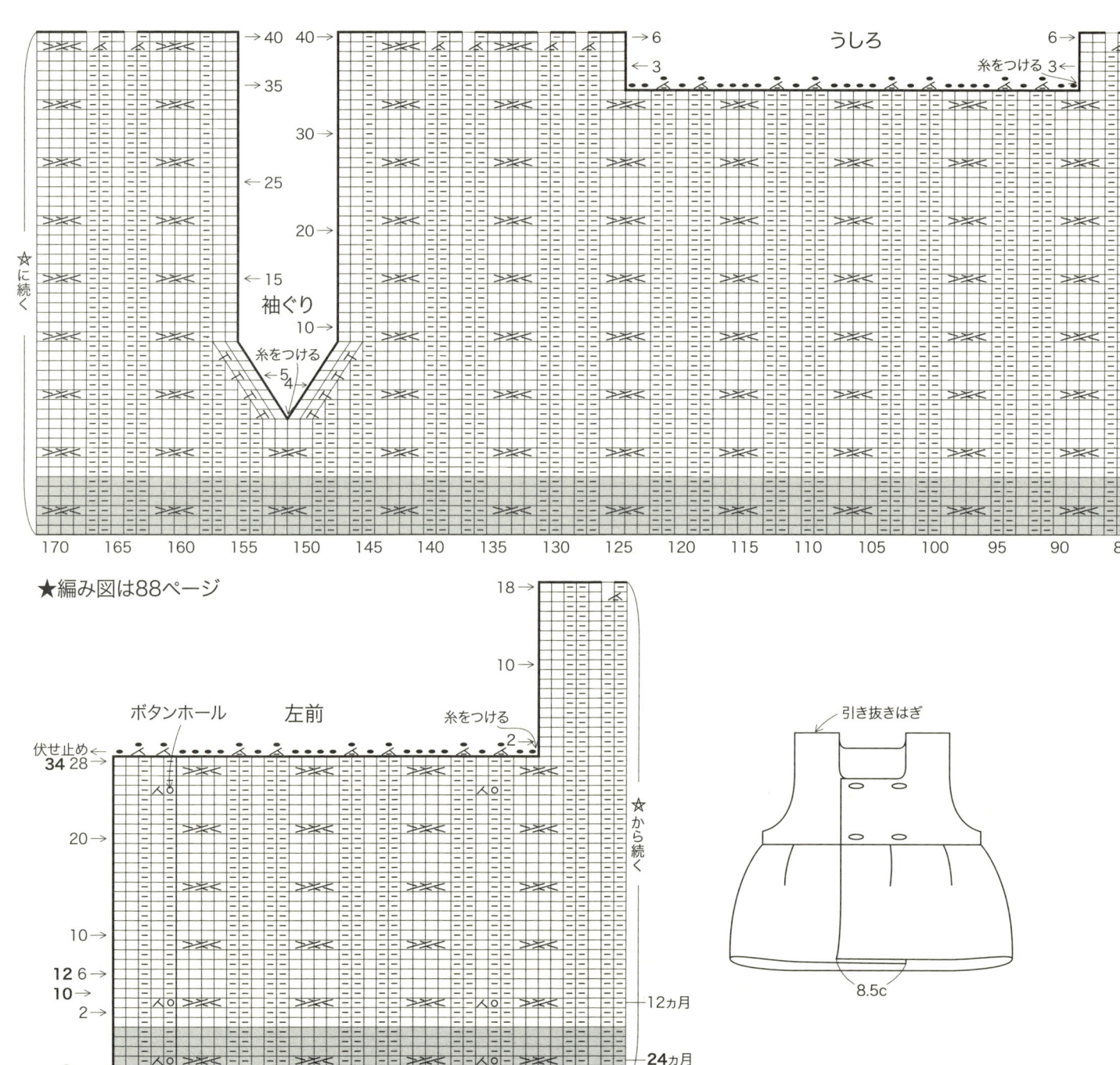

★編み図は88ページ

次に模様編みBにかえます。模様編みBの編み始めは、12ヵ月と24ヵ月で位置がかわります。袖ぐり位置からは3枚に分け、糸の続きで右前を先に編み、うしろ・左前は各々糸をつけて編みます。左前は指定位置にボタンホールを4個作ります。肩は休み目にしておきます。まとめ肩は中表に合わせて引き抜きはぎ、右前にボタンをつけます。

表示方法の普通＝12ヵ月・共通
表示方法の**太字**＝24ヵ月

▨ ＝は24ヵ月編み始め位置

★次のページに続く

模様編みB

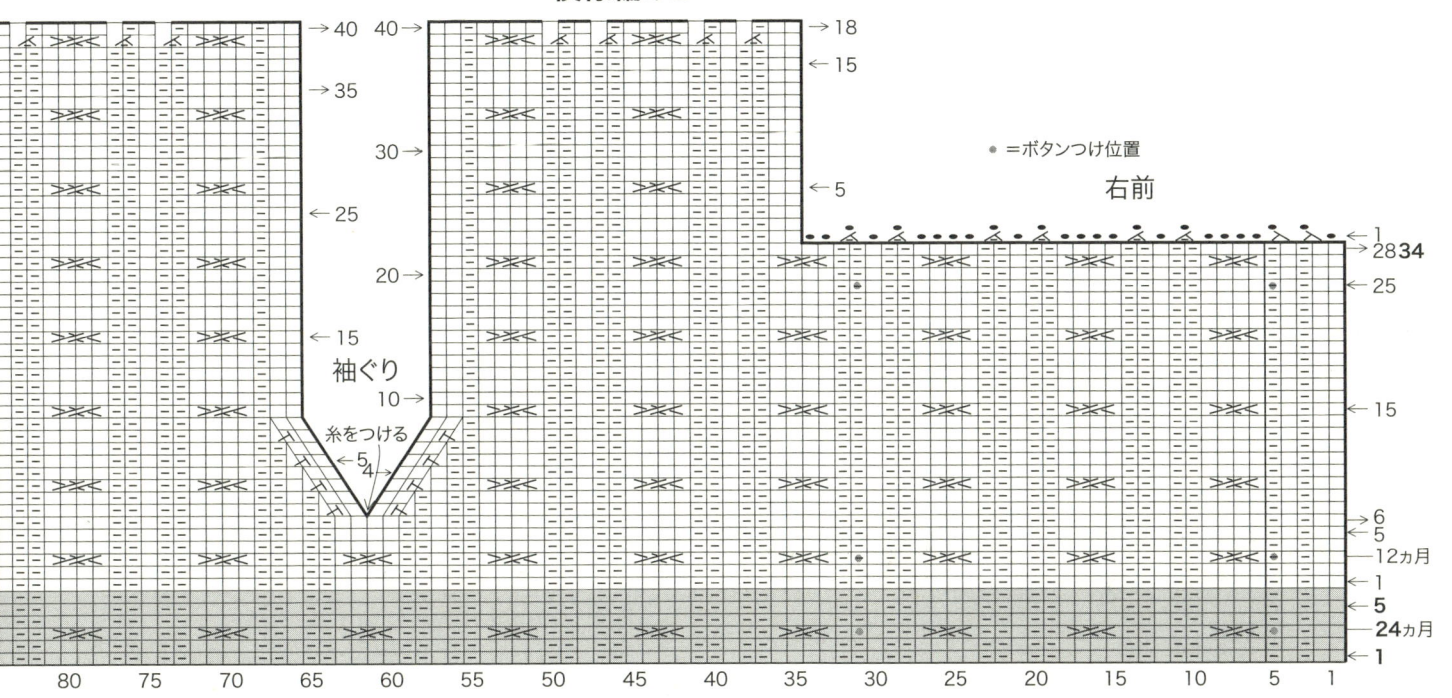

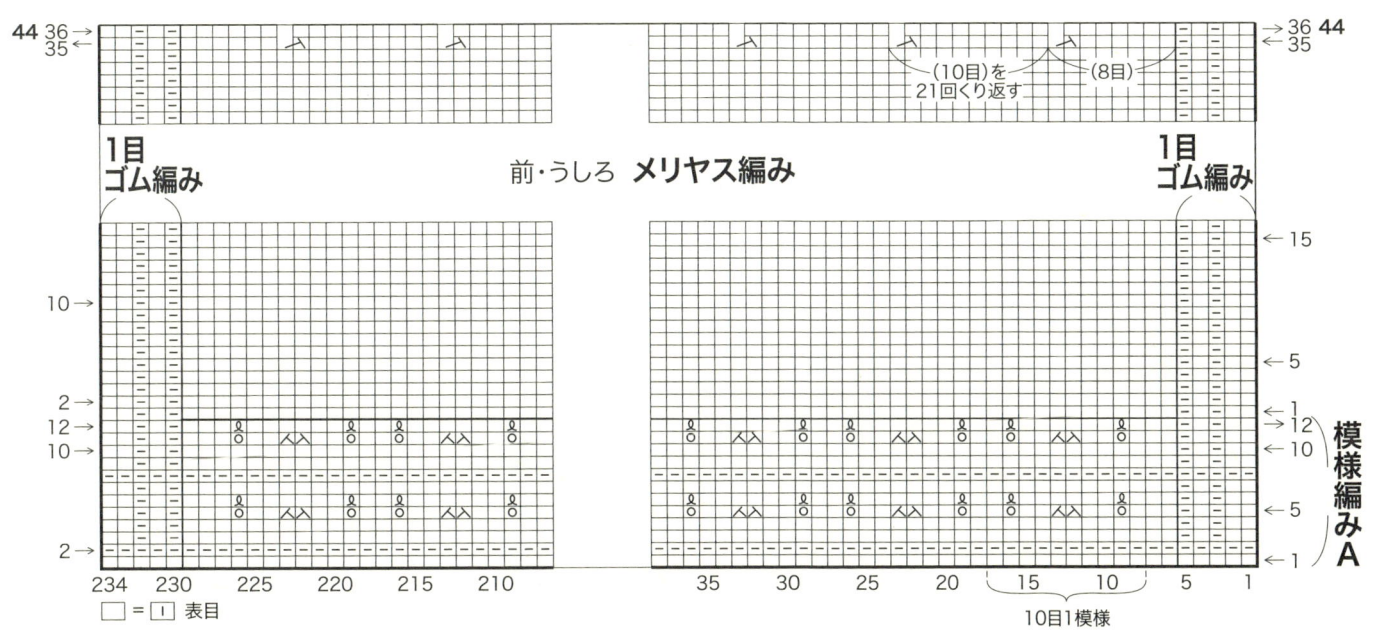

袖ぐり
糸をつける

・＝ボタンつけ位置
右前

前・うしろ メリヤス編み

1目ゴム編み

(10目)を21回くり返す (8目)

模様編みA

10目1模様

□＝|￣| 表目

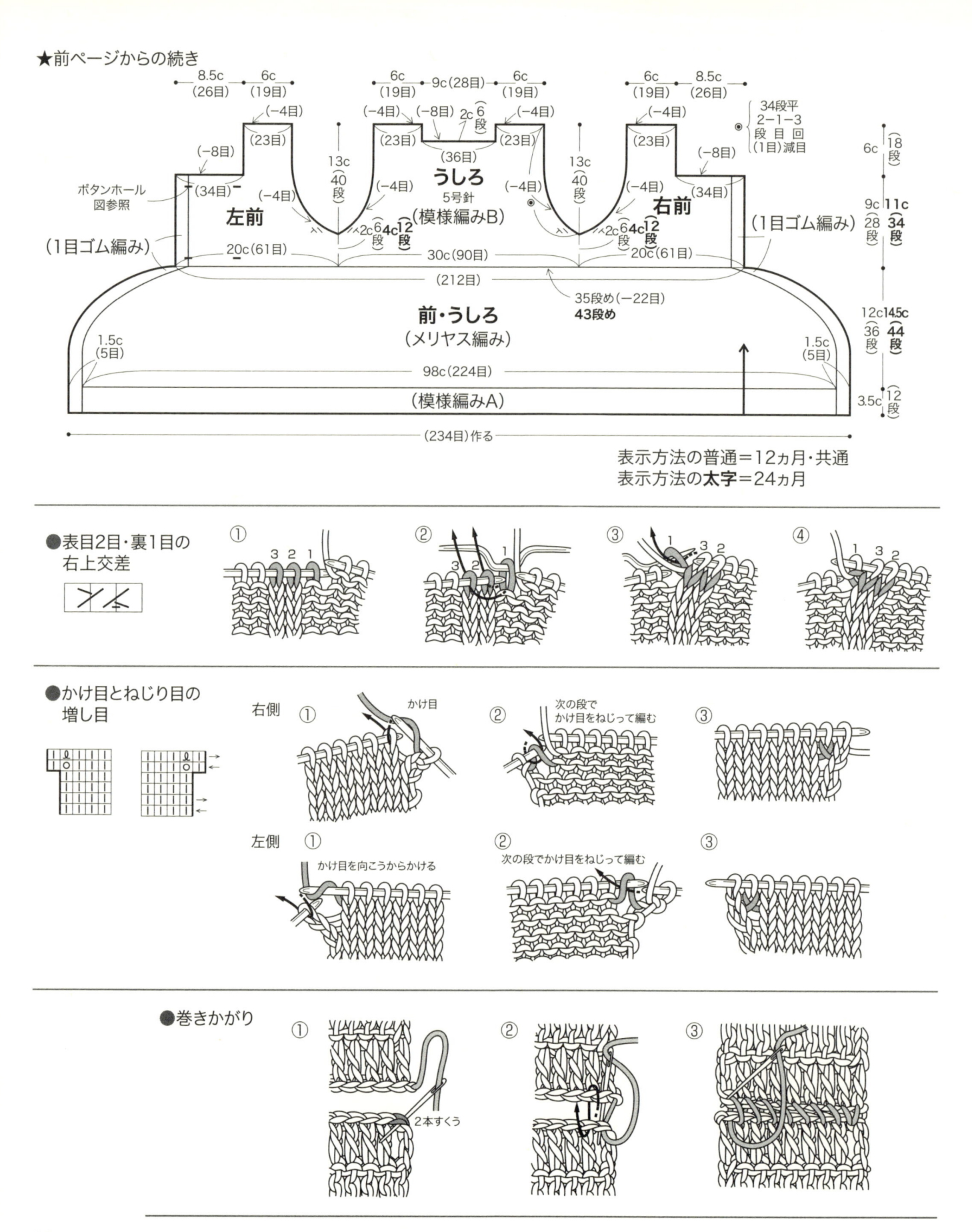

★前ページからの続き

	寸法	(目数・段数)
	普通=12ヵ月	共通
	太字=24ヵ月	

- 8.5c (26目) / 6c (19目) — 左前 (−8目)(−4目)(−4目)
- 6c (19目) / 9c (28目) / 6c (19目) — うしろ 5号針 (模様編みB)
- 2c 6段
- 13c 40段 (−4目)(−23目)(−4目)(−8目)
- 34段平 2-1-3 段目回(1目)減目
- 6c (18段)
- 9c 11c (28段 / 34段)
- 20c (61目) / 30c (90目) / 20c (61目)
- (212目) 35段め (−22目) 43段め
- 前・うしろ (メリヤス編み)
- (1目ゴム編み) ボタンホール図参照
- 1.5c (5目) 左右
- 98c (224目)
- (模様編みA)
- 12c 14.5c (36段 / 44段)
- 3.5c (12段)
- (234目)作る

表示方法の普通=12ヵ月・共通
表示方法の太字=24ヵ月

● 表目2目・裏1目の 右上交差
① ② ③ ④

● かけ目とねじり目の 増し目
右側 ① かけ目 ② 次の段でかけ目をねじって編む ③
左側 ① かけ目を向こうからかける ② 次の段でかけ目をねじって編む ③

● 巻きかがり
① 2本すくう ② ③

88

31, 32
page 28, 29
12・24ヵ月

●用意するもの
糸…ハマナカ ポーム《彩土染め》(並太タイプ)
12ヵ月＝ベージュ(42) 160g／7玉、24ヵ月＝サーモン色(43) 190g／8玉。
針…棒針5号。

●でき上がり寸法
12ヵ月＝胸囲61.5cm、ゆき丈15cm、丈31.5cm。24ヵ月＝胸囲61.5cm、ゆき丈15cm、丈37.5cm。

●ゲージ
10cm平方で模様編み22目×30段。

●編み方ポイント
裾から指でかける作り目をして編み始め、ヨーク部分は続けて編み、肩は休み目にしておきます。前は左前にはボタンホールを作り、対称に2枚編みます。まとめ　肩は中表に合わせ、目を重ねながら引き抜きはぎにします。袖は身頃から拾ってまっすぐ編み、編み終わりは表目は表目に、裏目は裏目に編んで伏せ止めにします。脇・袖下はすくいとじにし、衿は右前・うしろ・左前と肩線から1目拾って編み、袖と同要領に伏せ止めし、作ったボタンをつけます。

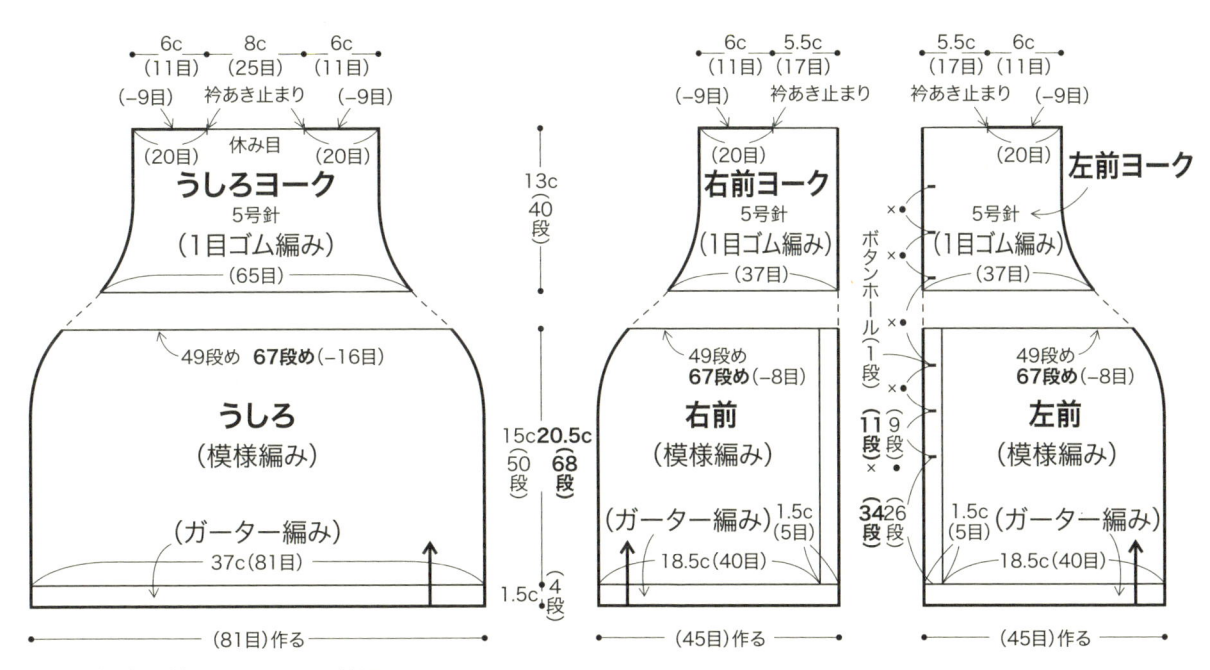

うしろヨーク 5号針 (1目ゴム編み) (65目)
- 6c (11目) (−9目)
- 8c (25目) 衿あき止まり
- 6c (11目) (−9目)
- 休み目 (20目) / (20目)
- 13c (40段)

うしろ (模様編み)
- 49段め　**67段め**(−16目)
- 15c **20.5c** (50段 **68段**)
- (ガーター編み) 1.5c (4段)
- 37c (81目)
- (81目)作る

右前ヨーク 5号針 (1目ゴム編み) (37目)
- 6c (11目) (−9目)
- 5.5c (17目) 衿あき止まり
- (20目)

右前 (模様編み)
- 49段め　**67段め**(−8目)
- (ガーター編み) 1.5c (5段)
- 18.5c (40目)
- (45目)作る

左前ヨーク 5号針 (1目ゴム編み) (37目)
- 5.5c (17目) 衿あき止まり
- 6c (11目) (−9目)
- (20目)
- ボタンホール(1段) 11段 9段 × **34段 26段**

左前 (模様編み)
- 49段め　**67段め**(−8目)
- (ガーター編み) 1.5c (5段)
- 18.5c (40目)
- (45目)作る

表示方法の普通＝12カ月・共通
表示方法の**太字**＝24カ月

袖 5号針 (1目ゴム編み)
- 22c (65目)
- 20c **25c** (60段 **76段**)
- すくいとじ
- (65目)拾う

ボタン 6個
中長編み目の内側半目をすくってしぼる(2回通す)
しぼった所を土台にして縫いつける

★次のページに続く

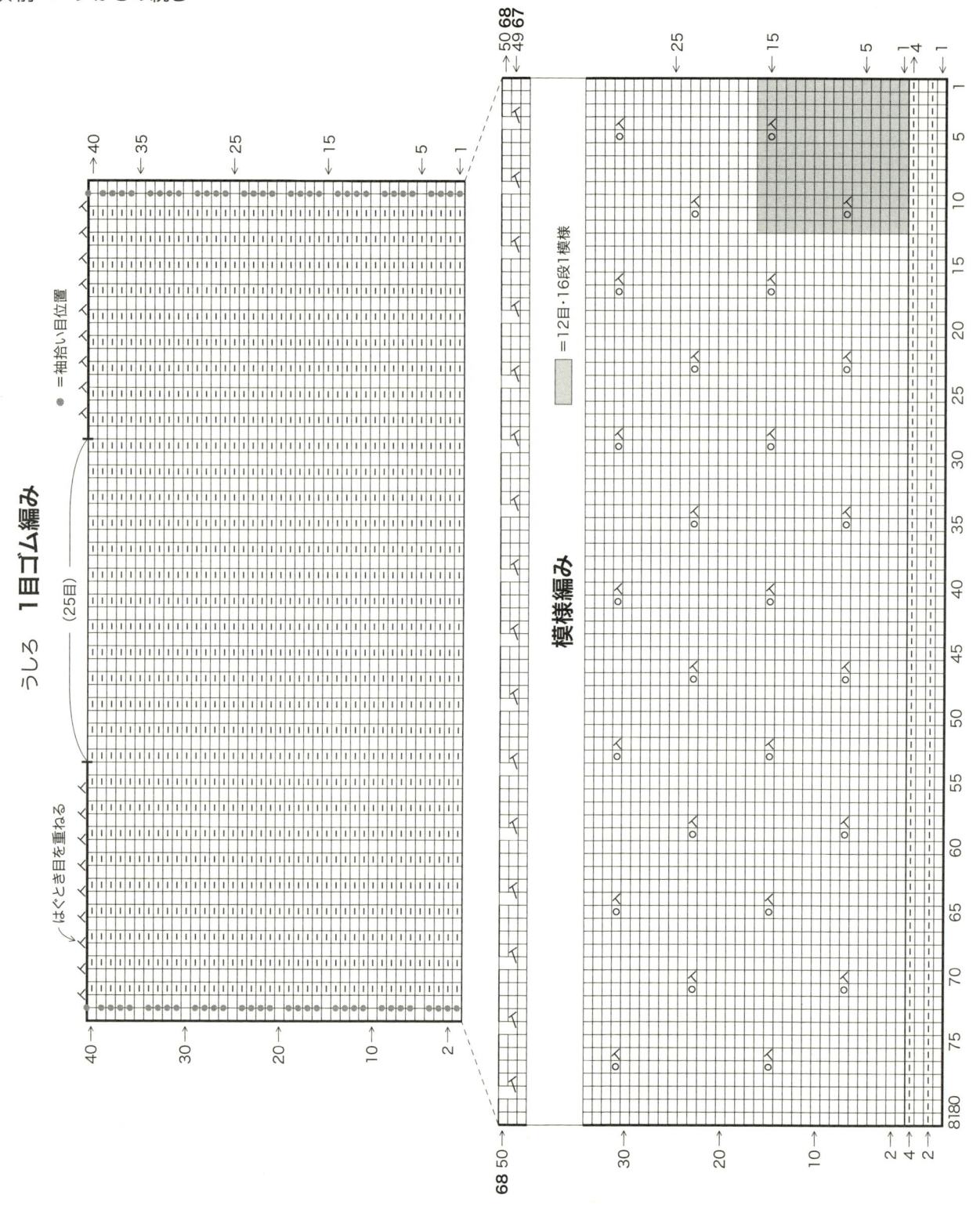

★前ページからの続き

うしろ 1目ゴム編み

● = 袖拾い目位置

模様編み

☐ = 12目・16段1模様

右前（12ヵ月） 左前（12ヵ月）

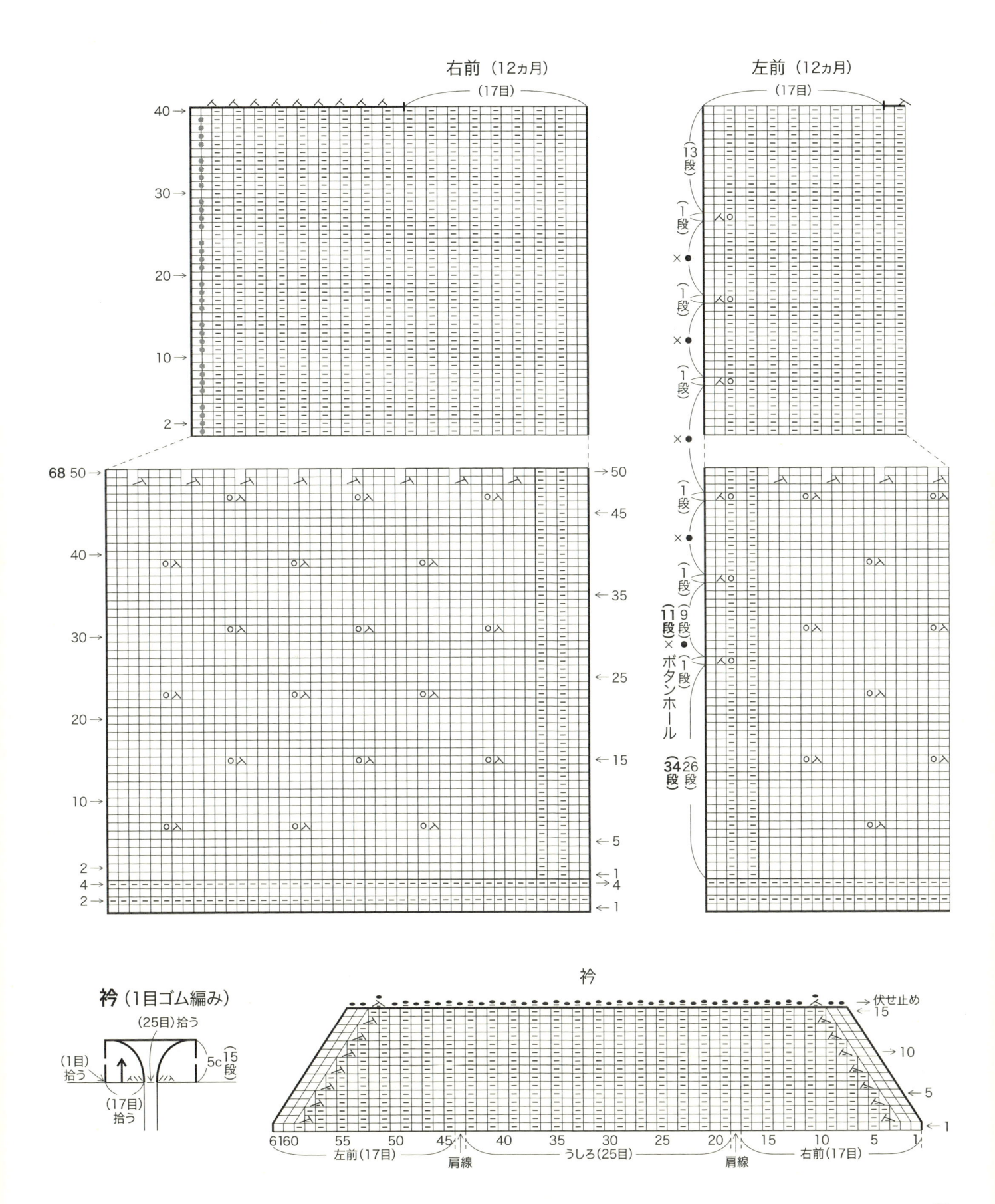

衿（1目ゴム編み）

衿

33, 34
page30, 31
12・24ヵ月

●用意するもの
糸…ハマナカ オーガニックウールフィールド（並太タイプ）12ヵ月＝サックスブルー（5）120g／3玉、茶色（16）10g／1玉、24ヵ月＝プラム色（17）140g／4玉、ベージュ（2）10g／1玉。
付属品…直径18mmのボタン各8個。
針…棒針5号、かぎ針5/0号。

●でき上がり寸法
12ヵ月＝胸囲64cm、背肩幅22cm、丈30cm、袖丈20cm。24ヵ月＝胸囲64cm、背肩幅22cm、丈36cm、袖丈25cm。

●ゲージ
10cm平方でメリヤス編み21目×30段。

●編み方ポイント
裾から指でかける作り目をして編み始め、袖ぐりは交互に伏せ目の減目をし、肩は休み目にしておきます。前は左前にはボタンホールを作り、対称に2枚編みます。まとめ　肩は中表に合わせて引き抜きはぎにし、袖は身頃から拾って編みます。ひじパッチを編み、指定位置に図を参照してつけ、ステッチをします。脇・袖下はすくいとじにし、合印部分は目と段のはぎにします。衿は別に作り、衿ぐりにまつりつけます。

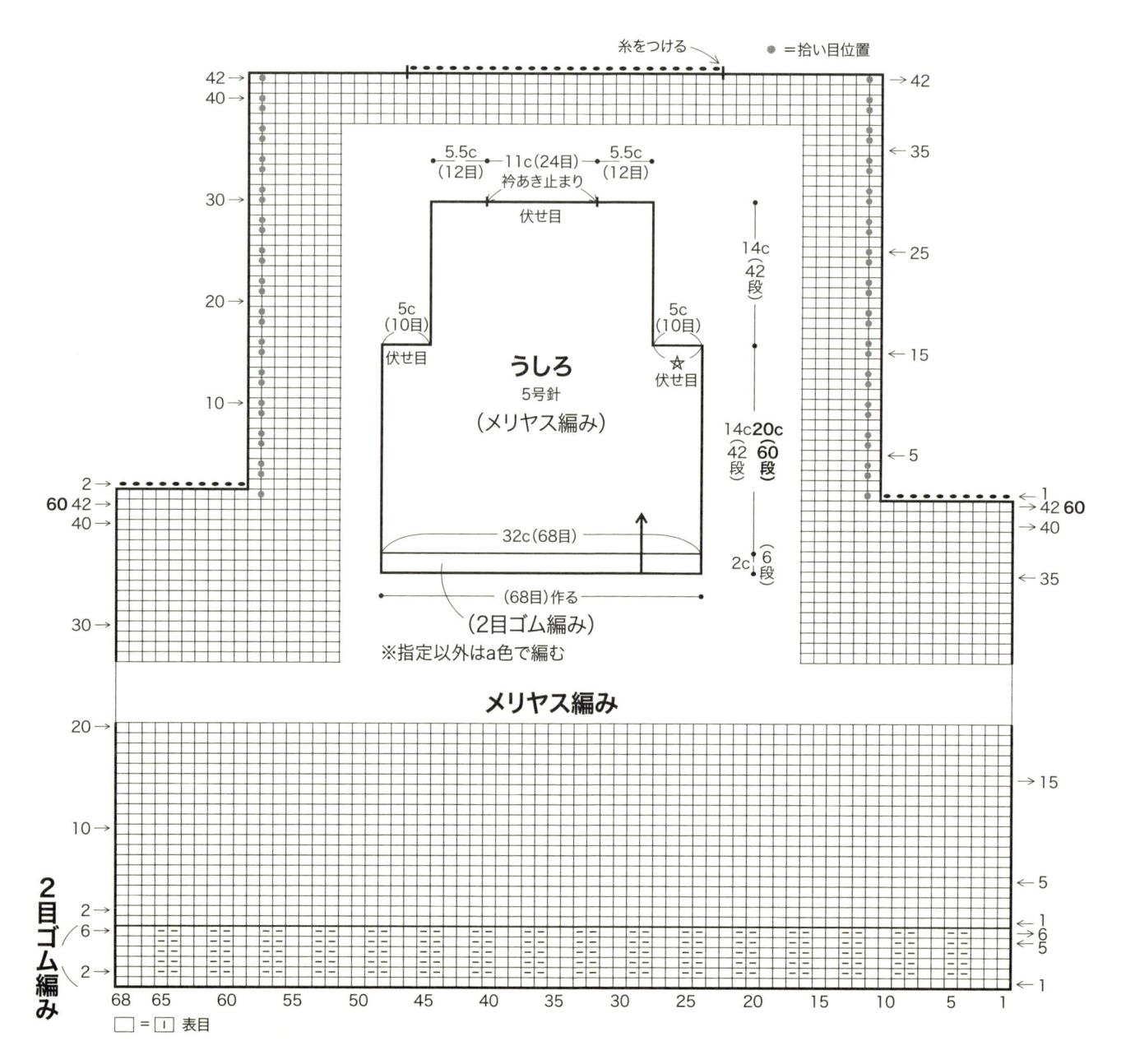

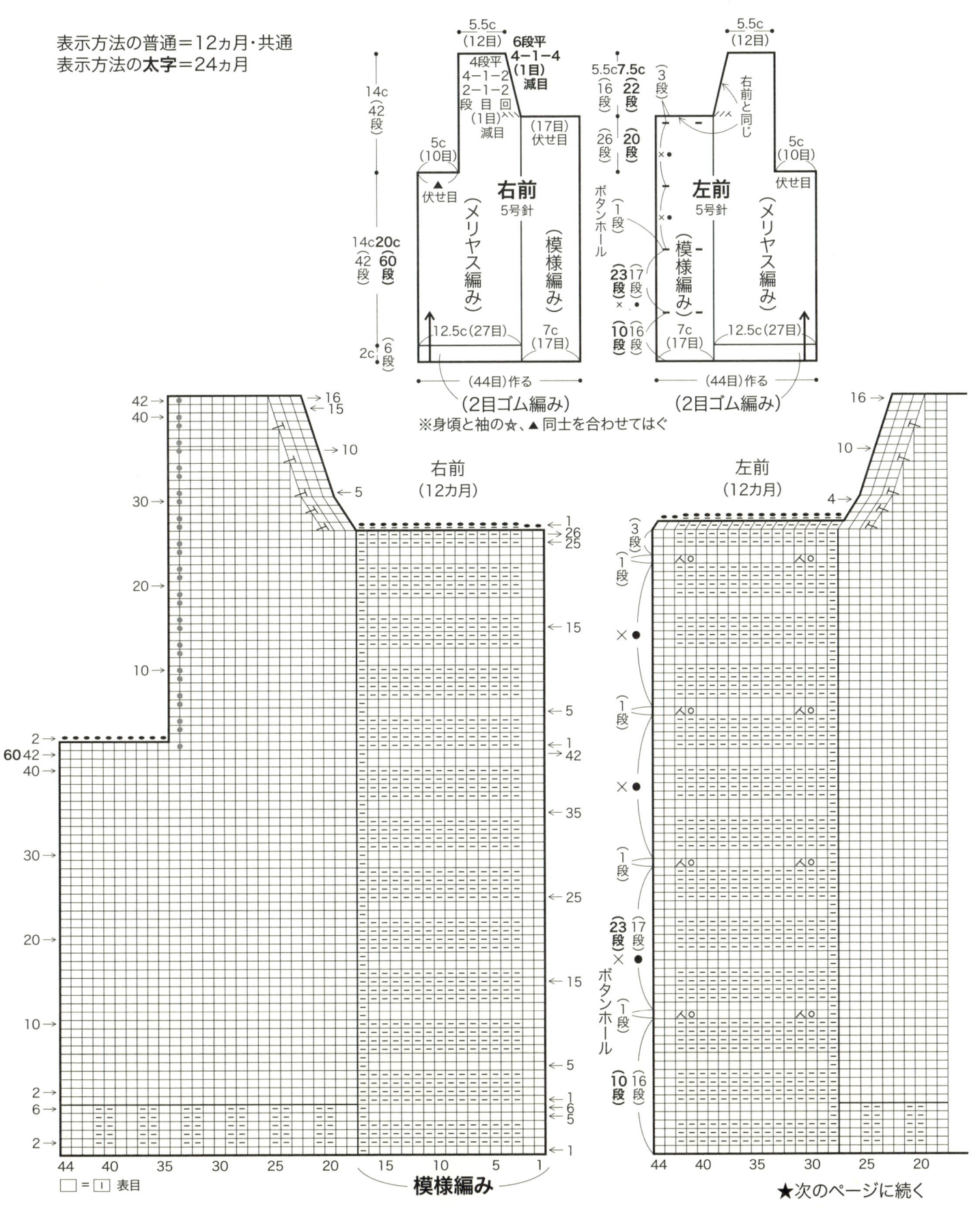

表示方法の普通＝12ヵ月・共通
表示方法の**太字**＝24ヵ月

右前 5号針
（メリヤス編み）（模様編み）

5.5c（12目）6段平 4-1-4（1目）減目
4段平 4-1-2 2-1-2 段目回（1目）減目
14c（42段）
5c（10目） 伏せ目
（17目）伏せ目
14c 20c（42段 60段）
2c（6段）
12.5c（27目） 7c（17目）
（44目）作る
（2目ゴム編み）
ボタンホール

左前 5号針
（模様編み）（メリヤス編み）

5.5c（12目）
5.5c 7.5c（16目 22目）26段 20段 3段
右前と同じ
5c（10目）伏せ目
23段（17目）
10段（16段）
7c（17目）12.5c（27目）
（44目）作る
（2目ゴム編み）
ボタンホール（1段）

※身頃と袖の☆、▲同士を合わせてはぐ

右前（12ヵ月）

左前（12ヵ月）

模様編み

□=［1］表目

★次のページに続く

★前ページからの続き

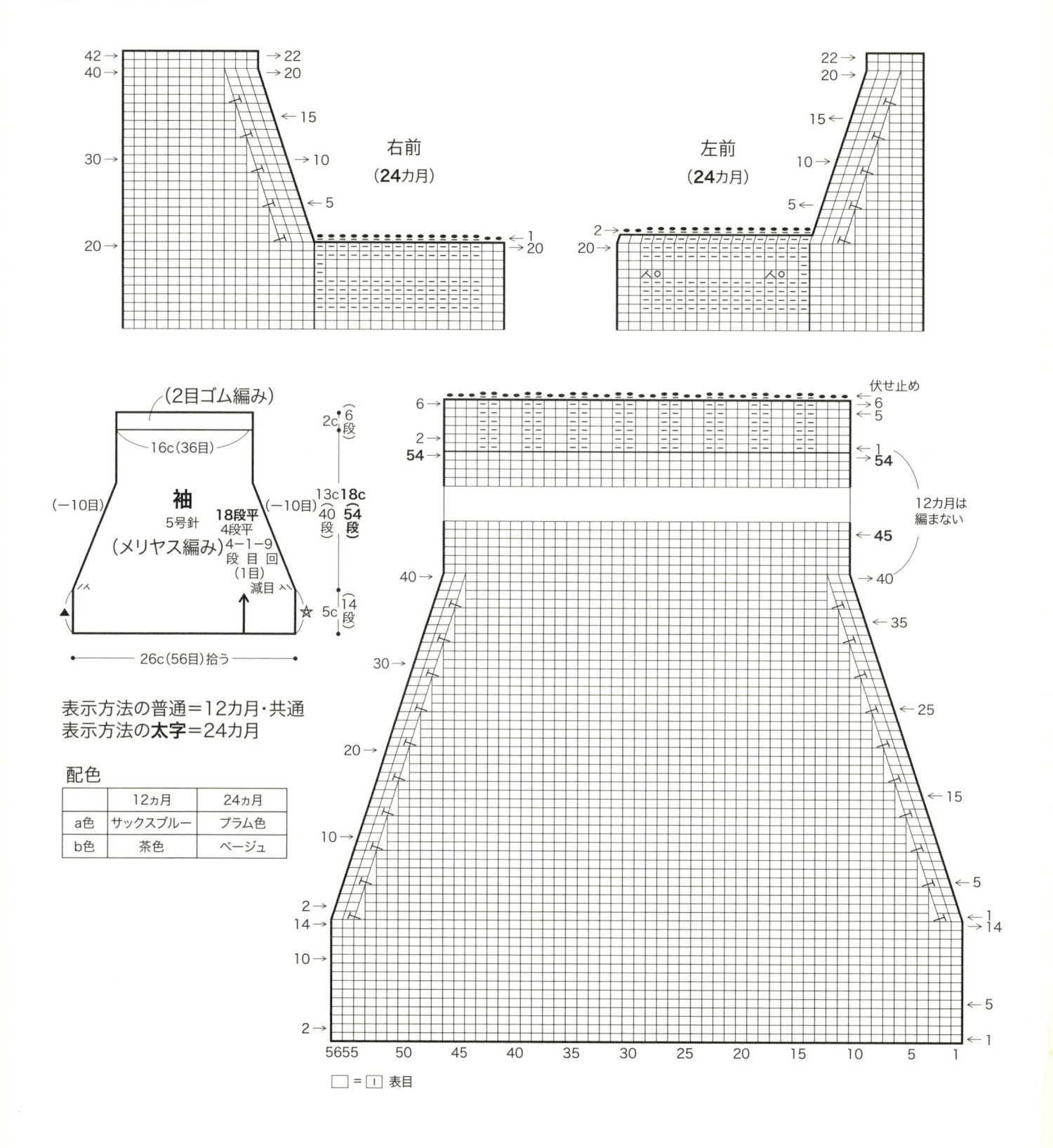

右前 (**24**カ月)

左前 (**24**カ月)

(2目ゴム編み)

16c(36目)

(−10目) 袖 5号針 (メリヤス編み) (−10目)

18段平 4段平 4−1−9 段目回 (1目) 減目

13c **18c**
40 **54**
段 **段**

2c (6段)

5c (14段)

26c(56目)拾う

表示方法の普通＝12カ月・共通
表示方法の**太字**＝24カ月

配色

	12カ月	24カ月
a色	サックスブルー	プラム色
b色	茶色	ベージュ

伏せ止め

12カ月は編まない

□ = □ 表目

衿(メリヤス編み)

2段平
2-1-3
4-1-1
段 目 回

(+4目)
(60目)**(68目)**拾う
1.5c (4段)
4c (12段)

(36目)**(44目)**休み目
5号針
(-4目)

20c(44目)作る
24c(52目)
(ガーター編み)

衿 (12ヵ月)

伏せ止め
4
2
1

・位置から拾う

44 40 35 35 30 25 20 15 10 5 1
52 **42**

ひじパッチ(長編み) 2枚 b色

ステッチ位置

6c

鎖(10目)作る

9.5c

ひじパッチのつけ位置

b色で周囲をまつり
a色でステッチしながら
まつる

袖の中央にまつる

引き抜きはぎ

(裏)
(表)

身頃表に
衿裏をつき合わせて
巻きかがる

ボタンをつける

すくいとじ

目と段のはぎ

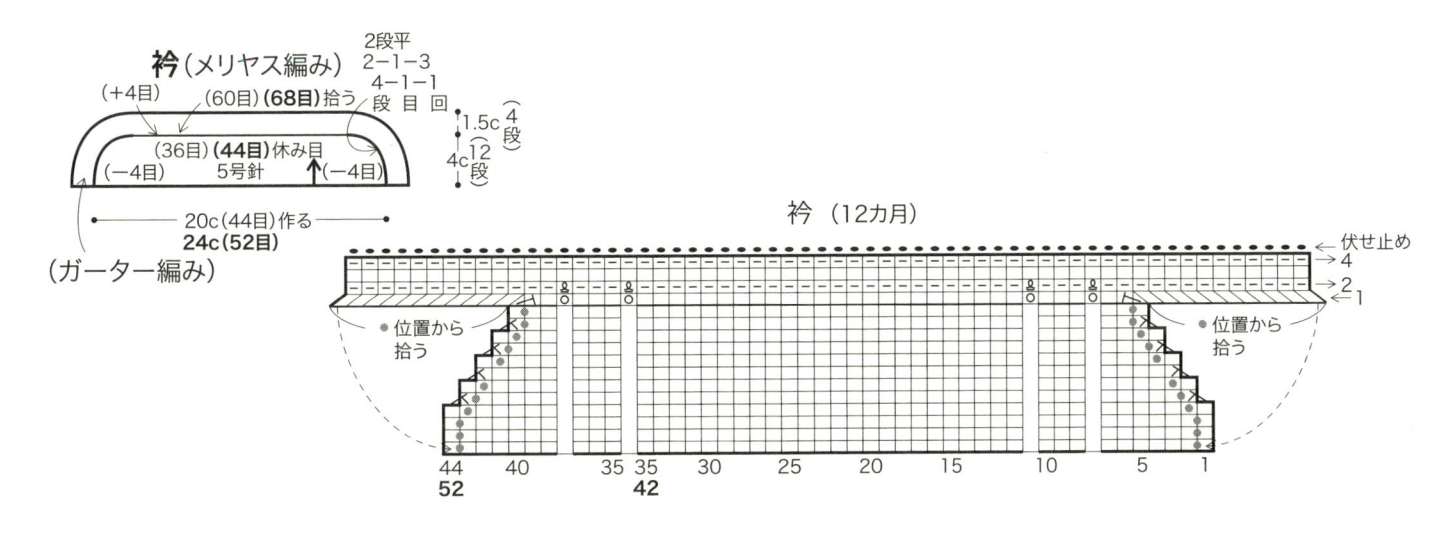

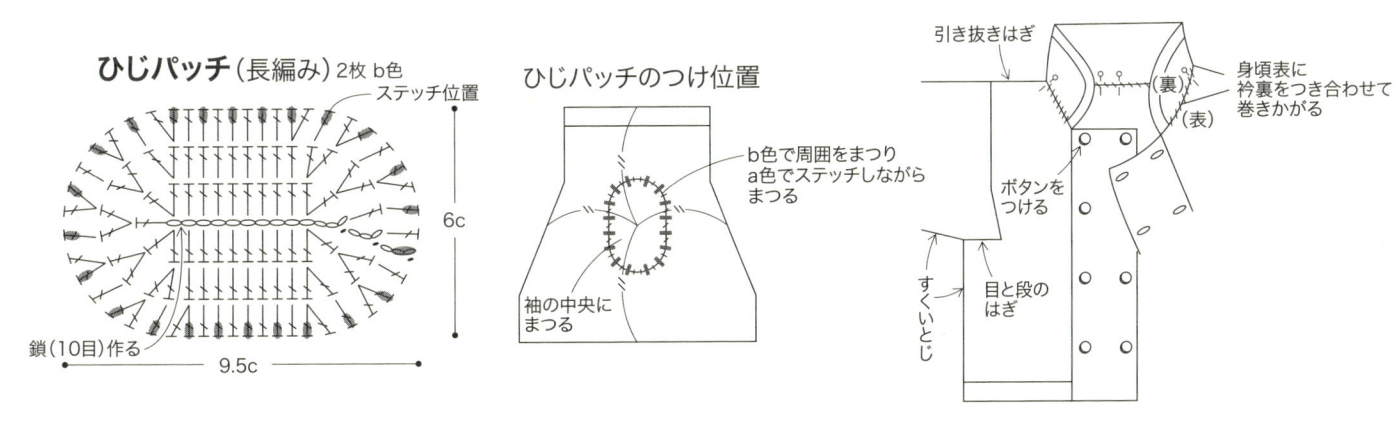

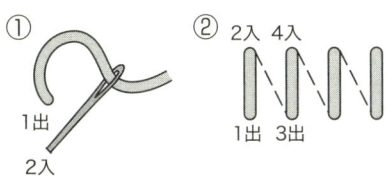

● ステッチの刺し方

① 1出 2入

② 2入 4入 1出 3出

● ボタンのつけ方

① 糸を2本どりにして糸端を結び、ボタンの裏から穴に針を通して糸の輪の中を通します。

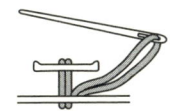

② 編み地に縫いつけて、編み地の厚さと同寸に足の長さを決めます。

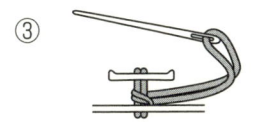

③ 足の根元に糸を巻きます。

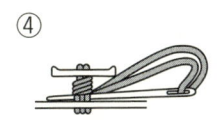

④ 巻き終わりがほどけないように足に針を通します。

⑤ 針を編み地の裏へ出して、糸端の始末をします。

オーガニック素材で編む
一年中着られる赤ちゃんニット
0〜24ヵ月

著者／michiyo
発行日／2011年5月4日　第1刷
　　　　2013年10月2日　第4刷
発行人／瀬戸信昭　編集人／森岡圭介
発行所／株式会社 日本ヴォーグ社
〒162-8705　東京都新宿区本村町3-23
TEL／販売 03(5261)5081
　　　編集 03(5228)5642
振替／00170-4-9877
出版受注センター　TEL／03-6324-1155
　　　　　　　　　FAX／03-6324-1313
印刷所／共同印刷株式会社
Printed in Japan ©michiyo 2011
ISBN 978-4-529-04952-8 C5077

◎立ち読みもできるウェブサイト
「日本ヴォーグ社の本」http://book.nihonvogue.co.jp

◎編み方レシピも材料もゲット「ニットナビ」
作品検索エンジン「ニットナビ」は
編みたい作品をみつけるのにとっても便利。
そして、書籍掲載レシピが作品1点から購入できます。
無料レシピも大量追加！
さらに、そのまま作品に合わせて材料セットも
お値打ち価格で購入できます。

[ニットナビ] [検索]

●本誌に掲載する著作物の複写に関わる複製、上映、譲渡、
公衆送信（送信可能化を含む）の各権利は
株式会社日本ヴォーグ社が管理の委託を受けております。
[JCOPY] <(社)出版者著作権管理機構 委託出版物>
●本書の無断複製は著作権法上での例外を除き禁じます。
複写される場合は、そのつど事前に、(社)出版者著作権管理機構
（電話03-3513-6969、FAX 03-3513-6979、
e-mail:info@jcopy.or.jp）の許諾を得てください。
●落丁、乱丁本がありましたらお取り替えいたします。
小社販売部までご連絡ください。(TEL03-5261-5981)
●印刷物のため実際の色とは、色調が若干異なる場合があります。

あなたに感謝しております
We are grateful.

手づくりの大好きなあなたが、
この本をお選びくださいましてありがとうございます。
内容はいかがでしたでしょうか？
本書が少しでもお役に立てば、こんなにうれしいことはありません。
日本ヴォーグ社では、手づくりを愛する方とのおつき合いを大切にし、
ご要望におこたえする商品、サービスの実現を常に目標としています。
小社及び出版物について、
何かお気付きの点やご意見がございましたら、
何なりとお申し出ください。
そういうあなたに私共は常に感謝しております。

株式会社 日本ヴォーグ社社長　瀬戸信昭
FAX.03-3269-7874

＊著者プロフィール
michiyo
東京都在中
アパレル・レディースニット・カットの
デザインを経て1998年よりフリーランス。
念願のベビー＆キッズニットから
創作活動開始。
手芸本中心に作品発表をしている。
著者本
「着回し自在なニットのふだん着」
文化出版局
「おしゃれな子供ニット」朝日新聞社
「こどものナチュラルニット」ブティック社
他
HP http://michiyo.mabooo.boo.jp

＊作品製作
michiyo　飯島裕子　霜田節子　野波ゑみ子

＊STAFF
撮影／山下恒夫　鈴木信雄（p32）
スタイリング／絵内友美
ヘア・メイク／山田ナオミ
ブックデザイン／前川みどり
トレース／まつもとゆみこ
編集協力／大貫由紀子
編集／村上雅子

＊撮影協力
株式会社ミリカンパニーリミテッド
港区芝公園2-4-1　芝パークビルB館9F
TEL.03-5425-5871

＊Baby Model
オカ ミライ　11ヵ月
スガワラ リョウセイ　1歳3ヵ月
カナザワ レオン　1歳5ヵ月
エマ ロバーツ　1歳5ヵ月
ヒラヤマ クララ　1歳8ヵ月
ルーリング エミリ サクラ　2歳

詳しい資料・図書目録を無料でお送りします。

内　容	ホームページ	電　話
通信販売	http://book.nihonvogue.co.jp/needle/index.jsp	0120-789-351 9:30〜17:00日・祝休
通信講座	http://school.nihonvogue.co.jp/tsushin/	
出版物	図書目録の内容も見られます。 http://book.nihonvogue.co.jp/	
クラフトサークル	6つのクラフトサークルをおすすめします。 http://school.nihonvogue.co.jp/craft	0120-247-879 9:30〜17:30土・日・祝休
ヴォーグ学園	http://gakuen.nihonvogue.co.jp/	03-5261-5085
自費出版	http://book.nihonvogue.co.jp/self/index.jsp	03-5261-5139

ファクシミリはこちら ▷▷ 03-3269-7874
便利な入り口はこちら ▷▷ http://www.tezukuritown.com/　[手づくりタウン] [検索]